Trauerfeiern beim Tod von Kindern

Klaus Schäfer

Trauerfeiern beim Tod von Kindern

Liturgische Hilfen und Modelle für
Segnung, Verabschiedung
und Beerdigung

Verlag Friedrich Pustet
Regensburg

Bibliografische Information der Deutschen Nationalbibliothek
Die Deutsche Nationalbibliothek verzeichnet diese Publikation in der
Deutschen Nationalbibliografie; detaillierte bibliografische Daten sind
im Internet über http://dnb.d-nb.de abrufbar.

www.verlag-pustet.de

ISBN 978-3-7917-2299-3
© 2010 by Verlag Friedrich Pustet, Regensburg
Umschlaggestaltung: Atelier Seidel, Teising
Satz: Vollnhals Fotosatz, Neustadt a. d. Donau
Druck und Bindung: Friedrich Pustet, Regensburg
Printed in Germany 2010

Inhalt

Vorwort 7

Einleitung 9

1. Die Situation trauernder Eltern 9
   Trost in den ersten Stunden, Tagen und Wochen 9
   Vom schlechten und guten Umgang mit Trauernden ... 10
   Zur Bezeichnung des verstorbenen Kindes 12
   Trauer um ein abgetriebenes Kind 13
   Vergessene Trauernde 15

2. Die Aufgabe des Seelsorgers 16
   Trösten 16
   Zur Teilnahme von Kindern an Trauerfeier und Beerdigung 17
   Taufe und Segnung 18

   Abkürzungen und Hinweise 19

Segnungen 21

Segnung eines toten Kindes 22
Segnung eines Kindes, das während der Schwangerschaft starb 25
Nach einem Schwangerschaftsabbruch 28
Tod nach längerem Bangen 31
Wenn das Kind nach der Geburt verstarb 34
Segen und Schluss 37
Segnung eines lebenden Kindes und der Mutter / der Eltern,
  wenn das Kind im Mutterleib in Todesgefahr ist 39
Segnung eines Kindes, das im Mutterleib in Todesgefahr ist 42
Segnung eines Paares, das ein Kind erwartet 45

Trauerfeiern 49

Allgemeine Form 50
Wenn ein Kind tot geboren wurde 53
Bei plötzlichem Tod des Kindes 56
Nach einem Schwangerschaftsabbruch 59
Wenn das Kind nach langem Bangen verstarb 62
Wenn ein Kind tödlich verunglückte 65
Wenn ein Kind Suizid beging 68
Ritus und Verabschiedung 71

Besondere Formen von Trauerfeiern ... 73

Trauerfeier für mehrere fehlgeborene Kinder ... 74
Bei vielen anwesenden Kindern ... 79
Wenn die Eltern keine Christen sind ... 83
Wenn die Eltern nicht an Gott glauben ... 85

Bestattungen ... 87

Allgemeine Form ... 88
Sammelbestattung fehlgeborener Kinder ... 90
Bei vielen anwesenden Kindern ... 92
Wenn die Eltern keine Christen sind ... 95
Wenn die Eltern nicht an Gott glauben ... 97
Riten bei der Bestattung ... 98

Trost-Gottesdienste ... 101

Trost-Gottesdienst am Palmsonntag ... 102
Trost-Gottesdienst am Karsamstag ... 110
Trost-Gottesdienst im November ... 114
Worldwide Candlelighting ... 115
Trost-Weihnacht ... 119

Anhang ... 127

Gebete ... 128
Segensworte ... 134
Bitten und Fürbitten ... 136
Schriftlesungen ... 143
    Kurze Bibelworte ... 143
    Bibeltexte und Impulse für eine Ansprache ... 144
Riten, Stationen und Geschichten für Trauer- und Trostgottesdienste ... 150
    Riten für Trauerfeiern ... 150
    Stationen für Trost-Gottesdienste ... 154
    Geschichten für Trost-Gottesdienste ... 164
Literatur ... 167
    Broschüren ... 167
    Liturgische Bücher ... 168
    Weitere Bücher ... 168

Vorwort

Jährlich sterben in Deutschland knapp 3.000 Kinder in der 2. Hälfte der Schwangerschaft, ab 500 Gramm sind sie statistisch erfasst. Unbekannt ist die Zahl der Kinder, die mit weniger als 500 Gramm tot geboren werden. Ihre Zahl geht auch in die Tausende.

Ebenfalls knapp 3.000 Kinder sterben jährlich in Deutschland in den ersten 12 Monaten nach der Geburt. Von 1.000 lebend geborenen Kindern sterben in Deutschland 8 vor ihrem 5. Lebensjahr.

Trost und Begleitung Trauernder Eltern sind eine wichtige, aber auch herausfordernde Aufgabe für Seelsorger. Immer noch zu selten ist dabei auch die Wahrnehmung der Trauer von Eltern, deren Kind während der Schwangerschaft gestorben ist. „Stillgeburt" ist ein in mehrfacher Weise zutreffender Begriff für diesen Fall. Der Begriff leitet sich vom englischen „stillborn" ab. Als „Stillborn Baby" wird das tot geborene Kind bezeichnet.

„Stillgeburt" ist eine Geburt, bei der vieles ganz anders ist als bei normalen Geburten. Die Mutter und die Hebamme wissen, dass das zu gebärende Kind bereits tot ist. Dies führt schon zu einer bedrückenden Stimmung im Vorfeld der Geburt. Die Vorfreude auf ein lebendes Kind fehlt.

„Stillgeburt" ist es auch deshalb treffend, weil es auch nach der Geburt still ist. Da gibt es keinen ersten Schrei und ersten Atemzug des Kindes. Und statt Freude herrscht Trauer.

Es ist sehr schwierig, beim Tod eines Kindes die richtigen Worte zu finden, insbesondere für einen Seelsorger. Schnell hat man ein unbedachtes Wort gesagt, das zwar gut gemeint ist, das aber verletzt. Schnell ist ein Bibelwort ausgewählt, das dem Seelsorger passend erscheint, das aber die Eltern nicht tröstet.

Im Vorfeld zu diesem Buch wurden an Eltern, deren Kind während der Schwangerschaft gestorben ist, viele Fragen gestellt, was sie tröstet. Dabei wurde nach Bibelstellen gefragt, aber auch nach Formulierungen und Themen. Auf dem Hintergrund dieser Rückmeldungen entstand das vorliegende Buch.

Dieses Buch wendet sich an alle Seelsorger, die in Klinik oder Pfarrei tätig sind. Irgendwann wird jeder von ihnen mit dem Tod eines Kindes konfrontiert. Das tote Kind soll gesegnet werden, es soll bestattet werden. Dabei sollen die zur Situation passenden Worte gesprochen werden. Als „Notfall-Buch" soll dieses Buch jedem Klinik- oder Gemeindepfarrer weiterhelfen.

Die Trauer um ein verstorbenes Kind endet nie. Daher ist es sinnvoll, regelmäßig Trost-Gottesdienste für trauernde Eltern zu feiern. Dies sollte auf jeden Fall jährlich am weltweit stattfindenden „Worldwide Candlelighting" erfolgen, dem 2. Sonntag im Dezember. Dabei wird weltweit der verstorbenen Kinder gedacht. Daneben sind auch andere Termine vorstellbar. Für diese Trost-Gottesdienste enthält das Buch in der Praxis erprobte Vorlagen, die mit ihren Bausteinen individuell angepasst werden können.

An Weihnachten strebt die ganze Welt nach Frieden und Heil. Trauernden Eltern fehlt aber ihr Kind. Dies erleben sie an Weihnachten besonders schmerzlich. Daher enthält dieses Buch auch die Vorlage für eine Trost-Weihnacht.

Somit ist das vorliegende Buch sowohl für den akuten Notfall geeignet, indem es auf die häufigsten Todesformen von Kindern eingeht und liturgische Hilfen anbietet, die die Eltern und Angehörigen trösten, als auch eine Fundgrube für längerfristig planbare Trost-Gottesdienste. Weitere Hinweise sind im Internet auf der Seite www.1Trost.de zu finden.

Einleitung

1. Die Situation trauernder Eltern

Eltern, die um ein Kind trauern, sind in ihrem Innersten erschüttert. Die ganze Weltordnung ist auf den Kopf gestellt: Es starb ihr Kind vor den Eltern. Der Tod des Kindes entzieht ihnen den Boden, auf dem sie ihr Leben und ihren Glauben aufbauten. Plötzlich ist nichts mehr sicher. Alles ist möglich. Bereits lebende Kinder können gleich als nächstes sterben. Der Gott, an den sie bisher geglaubt haben, scheint sie verlassen oder gar bestraft zu haben. Einige „verwaiste" Eltern verlieren den Glauben an Gott. Für sie kann es nach dem Tod ihres Kindes keinen Gott mehr geben. Eltern, die um ein Kind trauern, sind sehr verletzte Menschen und manchmal auch sehr gereizt. Sie machen das Schwerste durch, was ein Mensch erleben kann. Daher soll ihnen mit viel Verständnis und Nachsicht begegnet werden. Diese Menschen brauchen dies und danken es auch, wenn sie es erhalten.

Trost in den ersten Stunden, Tagen und Wochen

Wenn sich Eltern vom Tod ihres Kindes bedroht sehen oder dieser bereits eingetreten ist, gibt es in den ersten Tagen keinen anderen Trost als zuhören und Anteilnahme zeigen.

Die Hoffnung auf ein Wiedersehen in Gottes Reich ist beim Tod eines Kindes in den ersten Stunden und Tagen ein sehr schwacher Trost. Er nimmt nicht die Trauer.

Die Trauer um ein verstorbenes Kind endet nie, sie wandelt sich nur im Laufe der Zeit von Monaten und Jahren.

Der Seelsorger soll sich aufrichtig für das Schicksal der Eltern interessieren. Auch wenn er schon Informationen über den Tod des Kindes von anderen erhalten hat, sollte er es sich unbedingt auch noch von den Eltern erzählen lassen. Die Eltern reden es sich damit von der Seele. Dies befreit und tröstet.

Auch sollte der Seelsorger seine eigene Betroffenheit offen zugeben. Eine mit den Eltern geweinte Träne zeugt von mehr Anteilnahme als viele gute Worte.

Keinesfalls sollte in den ersten Tagen versucht werden, mit Bibelsprüchen zu trösten. Auch sollte sich der Seelsorger bei schweren Klagen gegen

Gott nicht zu dessen Anwalt machen mit Aussagen wie „Gott macht keine Fehler" oder „Gott lädt uns nicht mehr auf, als wir tragen können" oder gar „Wen Gott liebt, den züchtigt er." (siehe: Spr 3,12; Hebr 12,6)

Stattdessen sollte sich der Seelsorger die Empfehlung des Paulus zu eigen machen: „Freut euch mit den Fröhlichen und weint mit den Weinenden!" (Röm 12,15) Auch das Buch Jesus Sirach empfiehlt: „Entzieh dich nicht den Weinenden, vielmehr trauere mit den Trauernden!" (Sir 7,34) Jesus klagte über seine Generation: „Wir haben Klagelieder gesungen, und ihr habt nicht geweint." (Lk 7,32) Jesus soll unsere Generation nicht mit gleicher Haltung erleben.

Beim (drohenden) Tod eines Kindes ist es angebracht, das Klagen der Eltern uneingeschränkt zuzulassen (siehe Klagepsalmen und Klagelieder der Bibel) und ggf. selbst in das Klagen mit einzustimmen, so wie „Mein Gott, mein Gott, warum hast du mich verlassen?" (Ps 22,2, Mt 27,46; Mk 15,34) – Klage ist eine Gebetsform der Bibel und auch ein Ausdruck der Nachfolge Jesu.

Meist kommt beim Tod eines Kindes bei den Eltern die Warum-Frage auf: „Warum wir?", „Warum so?", „Warum überhaupt?" – Es gibt keine allgemein gültige Antwort auf diese Frage. Daher ist es angebracht, die eigene Ahnungslosigkeit offen zuzugeben. Diese wird nicht als Schwäche gesehen, sondern als Ehrlichkeit gewürdigt. Dass hier der Diener Gottes seinen Herrn auch nicht versteht, kann tröstend wirken. Einen Sinn für den Tod des Kindes können nur die Eltern für sich selbst finden. Dies jedoch auch erst nach Jahren – wenn überhaupt. Es ist hier wie mit einem Weg: Ein Weg entsteht dadurch, dass man ihn geht.

Vom schlechten und guten Umgang mit Trauernden

Begrenzt sind die medizinischen Möglichkeiten, den drohenden Tod eines Kindes abzuwenden. Es kann dann nur noch das Sterben eines Kindes begleitet werden.

Ohnmächtig muss festgestellt werden, dass das erwartete Kind nicht lebensfähig oder gar schon tot ist.

Hilflos stehen wir dem Sterben von Kindern gegenüber.

Der Tod eines Kindes macht oft sprachlos.

Seelsorge geschieht wesentlich in Worten, Gesten und Riten. Beim Tod eines Kindes kommen Seelsorger rasch an die Grenzen ihrer Möglichkeiten, mit Worten zu helfen. Deshalb werden in diesem Buch auch hilfreiche Riten aufgezeigt.

Schnell sind gängige Floskeln gesagt, die an anderer Stelle durchaus passend sind: „Gute Besserung" bei einer Erkältung oder „Das wird schon wieder" bei einem Knochenbruch. Beim Tod eines Kindes sind sie jedoch unangebracht.

Auch Worte wie „Sie sind noch jung und können noch viele Kinder bekommen" oder „Sie haben ja schon ein Kind" können sachlich korrekt sein, verletzten aber. Sie nehmen den Schmerz und die Trauer der Eltern nicht ernst.

Nachfolgende Gegenüberstellung von verletzenden und angebrachten Sätzen zeigt auf, was vermieden werden soll und welcher Ausdrucksweise sich der Seelsorger stattdessen bedienen sollte.

Verletzende Formulierungen	Hilfreiche Formulierungen
(absolute Wortlosigkeit)	Ich bin sprachlos. / Ich weiß nicht, was ich sagen soll.
Das wird schon wieder.	Der Tod Ihres Kindes tut mir sehr leid.
Sie haben bereits ein Kind.	Der Tod eines Kindes ist das Schwerste, was Eltern erleben.
Wer weiß, wofür es gut war. (als Antwort auf die Warum-Frage)	Ich begegne hier einem Gott, den ich auch nicht verstehe.
Es wird einen Grund haben, warum Gott Ihr Kind sterben ließ.	Ich glaube nicht daran, dass Gott ihr Kind sterben ließ.
Ich weiß nicht, wofür Gott sie so straft. (als Antwort auf eine entsprechende Frage)	Ich glaube nicht daran, dass Gott sie straft.
Gott macht keine Fehler.	Ich weiß auch nicht, warum Gott Leid zulässt.
Sie müssen an Gott festhalten.	Auch der Psalmist (Ps 22,2) und selbst Jesus (Mt 27,46; Mk 15,34) kannten das Gefühl der Gottverlassenheit.
Sie dürfen nicht gegen Gott hadern.	Zu hadern ist eine Form des Gebetes.
Sie dürfen darauf vertrauen, dass Gott alles zum Guten führt (Röm 8,28)	Ich frage mich wie Sie, wo der Sinn im Tod eines Kindes sein kann.

Zur Bezeichnung des verstorbenen Kindes

Der Tod von Kindern macht sprachlos. Kaum jemand spricht offen darüber. Stirbt das Kind während der Schwangerschaft, fehlen uns die richtigen Worte. Oft benutzen wir dafür die falschen Begriffe. Selbst in der Öffentlichkeit – sogar von Politikern und Presse – werden tot geborene Kinder als „Frühchen" oder „Säuglinge" bezeichnet. Auch kirchliche Schreiben trennen nicht sauber zwischen „Totgeburt" und „Fehlgeburt". Zuweilen wird das tot geborene Kind auch „Ungeborenes" genannt. Die Mütter haben jedoch häufig ihr totes Kind unter Wehen geboren. Damit trifft dieser Begriff nicht das Erleben der Mütter und verletzt sie. Von den Müttern abgelehnt werden auch „Leibesfrucht" oder nur „Frucht". „Ich bin doch kein Baum!", ist die Reaktion vieler Frauen auf diese Bezeichnung. Hier hat sich das Sprachgefühl gewandelt. Auch wenn im Ave Maria gebetet wird „gebenedeit ist die Frucht deines Leibes, Jesus", wollen die Mütter ihre toten Kinder nicht so bezeichnet wissen. Auch medizinische Begriffe wie „Embryo" (bis zur 12. Schwangerschaftswoche [SSW]) oder „Fötus" bzw. „Fet" (nach der 12. SSW) sollte in der Seelsorge unterlassen werden.

Ein kurzes Glossar soll den Seelsorgern Sicherheit im Umgang mit den richtigen Begriffen geben:

Fehlgeborenes Kind	Ein tot geborenes Kind mit weniger als 500 Gramm Gewicht.
Totgeborenes Kind	Ein tot geborenes Kind mit mindestens 500 Gramm Gewicht.
Frühchen	Ein lebend geborenes Kind mit weniger als 2.500 Gramm oder vor der vollendeten 37. SSW lebend geboren.
Lebendgeborenes Kind	Ein Kind, das nach der Geburt gelebt hat. (Als Lebendgeburt gilt ein Kind, wenn es nach dem Durchtrennen der Nabelschnur eine pulsierende Nabelschnur hatte oder mindestens ein Herzschlag oder mindestens ein Atemzug feststellbar war.)
Frühe Fehlgeburt	Wenn ein Kind in den ersten 12 SSW verstarb. → Ausschabung
Späte Fehlgeburt	Wenn ein Kind nach der 12. SSW verstarb. → Geburt

Säugling	Ein lebend geborenes Kind, das an der Brust der Mutter saugen kann.
Ausschabung	Mit einem löffelartigen Instrument wird die Gebärmutter ausgeschabt. Inzwischen werden häufig das tote Kind und die Plazenta abgesaugt.
Geburt	Das Hervortreten des Kindes aus der Mutter durch den Geburtskanal oder durch Kaiserschnitt.

Als wohltuend empfinden es die Eltern, wenn von ihrem *„Kind"* gesprochen wird, gleichgültig, wie früh das Kind in der Schwangerschaft starb. Noch intensiver empfinden es die Eltern, wenn der *Vorname des Kindes* genannt wird, auch wenn dieser in keinem amtlichen Buch erscheint. Diese Wortwahl drückt aus, dass man dieses Kind als Menschen anerkennt, eine Erfahrung, die Eltern von fehlgeborenen Kindern nicht immer machen, was sie sehr schmerzt. Hier kann schon allein diese bloße Anerkennung als voller Mensch tröstend wirken.

Haben die Eltern für ihr fehlgeborenes oder abgetriebenes Kind noch keinen Namen ausgesucht – da dies amtlich irrelevant ist –, sollten sie dennoch zur Namensgebung für ihr Kind ermutigt werden. Das Kind kann somit in der Liturgie (Segnung, Bestattung, Trost-Gottesdienste) beim Namen genannt werden. Auch können die Eltern selbst nach Jahren das Kind gezielt mit Namen benennen, z. B. wenn sie in Erinnerung von dem Kind sprechen.

(Übrigens: Verwaiste Eltern erhalten für ihr tot geborenes Kind im Rathaus eine Geburts- und Sterbeurkunde mit dem Namen ihres Kindes, wenn das Kind mehr als 500 Gramm wiegt. Wiegt das tot geborene Kind weniger als 500 Gramm, ist dies nicht möglich.)

Trauer um ein abgetriebenes Kind

Eltern, insbesondere die Mütter, trauern um ihr Kind, auch wenn sie einen Schwangerschaftsabbruch (SSA) vornehmen ließen. In unserer Gesellschaft wird diese Trauer oft nicht gelebt, weil allzu schnell Schuldzuweisungen wie „Du bist doch selbst daran Schuld" erfolgen. Die Trauer kann ihnen aber niemand absprechen, denn es ist ihr Kind, das nun tot ist.

Dass in dieses Buch das Thema SSA mit aufgenommen wurde, bedeutet nicht, dass dieser damit befürwortet oder akzeptiert wird. Besonders Frauen, die sich aufgrund eines auffallenden Befundes nach einer vorgeburtlichen Untersuchung (Pränataldiagnostik = PND) für einen SSA entscheiden, haben immer wieder den Wunsch nach einer Segnung ihres noch lebenden bzw. ihres toten Kindes. Diesen Wunsch der Mutter sollte man akzeptieren.

Immer mehr Bundesländer schreiben die Bestattung abgetriebener Kinder in ihren Bestattungsgesetzen vor. Auch dieser Entwicklung soll durch einen angemessenen Ritus entsprochen werden. Seelsorge sollte die Eltern dazu ermutigen, ihre Trauer zuzulassen, weil gerade dadurch oft Heilung erfolgt.

Ein Schwangerschaftsabbruch wird von der katholischen Kirche als verwerflich angesehen. Die Betroffenen fühlen sich wegen entsprechender Äußerungen als gebrandmarkt und verurteilt.

Der gute Hirt, als den sich viele Seelsorger sehen, sucht das verirrte Schaf. Wenn er es gefunden hat, prügelt er es nicht zur Herde zurück, sondern führt es behutsam, zuweilen trägt er es auch. *Mittragen* ist die höchste Form der Anteilnahme, auch nach erfolgtem SSA: Mit Worten prügelnde Seelsorger sehen nicht, dass die Eltern meist aus einer großen Not heraus ihre Entscheidung getroffen und in dieser Zeit auch für richtig angesehen haben. Oft wird diese Entscheidung später als falsch erkannt, aber es gibt auch Beispiele, wo die getroffene Entscheidung von den Eltern bis ans Lebensende als richtig angesehen wird.

Der seelsorgliche Umgang – der sich um die Seele sorgende Umgang – mit Eltern nach einem SSA ist eine große Chance, ihnen Gottes Liebe und Güte erfahrbar werden zu lassen. Es gibt Menschen, die dadurch zum ersten Mal Vergebung erleben, weil sie sie in ihren Familien nie kennengelernt haben. Umso bedeutsamer ist es, diesen Menschen gerade hier Vergebung erfahrbar werden zu lassen.

Durch die erfolgte Vergebung wird ein Gottesbild geprägt, das oft bis ans Lebensende hält. Der richtende Gott wird nicht als strafender Gott erfahren, sondern als der, der etwas richtet, d. h. der das in Ordnung bringt, was in Unordnung gekommen ist.

Die für die Vergebung erforderliche Reue sollte nach einem SSA nicht daran gemessen werden, ob sich die Menschen im Wiederholungsfall wieder so entscheiden würden. Eine Frau drückte ihre Situation mit den Worten aus: „Ich hatte zwischen zwei falschen Wegen zu entscheiden." In diesen Worten drückt sich bereits das Schuldbewusstsein aus, wenngleich die Entscheidung als richtig im Sinne von „nicht ganz so falsch" angesehen wird.

Vergessene Trauernde

Besonders beim Tod eines Kindes steht die trauernde Mutter oft im Mittelpunkt der Zuwendung. Daneben gibt es jedoch auch andere Trauernde, die meist in gleicher Weise trauern. Diese sollten in jedem Falle mit berücksichtigt werden:

Die Mutter des Kindes

Die Mutter des sterbenden oder toten Kindes steht meist im Mittelpunkt des Trostes. Sie trauert um ihr Kind. Starb das Kind während der Schwangerschaft, so haben die meisten Mütter Schuldgefühle. Sie fühlen sich am Tod ihres Kindes schuldig. Oft kommt mit hinzu, dass sie ihrem Körper nicht mehr vertrauen. Einige Frauen geraten in eine Identitätskrise und fühlen sich nicht mehr als Frau. Sogar die bewusste Bestrafung des Körpers kann die Folge sein (z. B. hungern, zu viel essen oder andere ungesunde Lebensweisen (z. B. viel Rauchen), vereinzelt wird sogar der Bauch geschlagen, weil er den Tod des Kindes „verursacht" hat). Daher ist es wichtig, beim Tod eines Kindes während der Schwangerschaft die Schuldfrage vorsichtig anzusprechen und die Mutter davon loszusprechen.

Der Vater des Kindes

Auch dem Vater starb sein Kind. Daher sollte in der Seelsorge immer das Paar als Trauernde im Blick bleiben. Nimmt der Vater in der Ehe eine starke Beschützerrolle ein, so sieht er sich oft als Versager. Er konnte seine Frau nicht vor diesem Schmerz bewahren. Dieses Gefühl des Versagens kommt dann zu der Trauer hinzu.

Geschwisterkinder

Wenn das trauernde Paar bereits Kinder hat, sollen diese von dem Geschehen nicht automatisch ausgeschlossen werden. Kinder trauern um ihr Geschwisterchen, auf das sie sich bereits gefreut haben.

Großeltern

Großeltern haben sich auf ihr Enkelkind gefreut. Diese Freude starb mit dem Kind. Großeltern haben nicht nur den Tod ihres Enkelkindes zu tragen, sie müssen auch den Schmerz um die Trauer ihrer Kinder ertragen. Mitunter starb Großmüttern auch schon ein Kind. Starb es während der Schwangerschaft, so weiß manchmal noch nicht einmal der Großvater davon. Beim Tod des Enkelkindes kommt die Erinnerung an den eigenen Schmerz auf und ist plötzlich wieder sehr präsent.

Paten

Manchmal stand für das Kind schon ein Pate fest. Dieser freute sich mit den Eltern auf das Kind. Nun ist all diese Freude dahin. Auch sie trauern um das Kind.

Weitere Personen

Daneben kann es noch weitere Personen geben, die um das verstorbene Kind trauern. Sie haben zur Familie eine freundschaftliche Beziehung. Dies können sein: Freunde, Nachbarn und Arbeitskollegen. Auch sie sollen nicht aus dem Blick der Seelsorge geraten.

Es gibt zwar die Kerngruppe der Trauernden (die Familie). Darüber hinaus gibt es auch die trauernden Verwandten und weitere Personen. Sie sollen auch in den Blick genommen werden. Wie Schalen legen sich die einzelnen Gruppen um die Kerngruppe der Trauernden

2. Die Aufgabe des Seelsorgers

Trösten

Tröstet, tröstet mein Volk, spricht euer Gott. (Jes 40,1) So ist im Buch des Propheten Jesaja zu lesen. Dieser Appell hat über die Jahrtausende nichts an Bedeutung und Aktualität verloren. Christen sind heute in gleicher Weise gerufen, diesem Appell Folge zu leisten und zu entsprechen. Seelsorger haben hierbei eine besondere Verpflichtung, alles zu tun und so zu tun, damit es tröstend wirkt. Möge dieses Buch als Geländer und Fundgrube dienen, damit Seelsorger beim drohenden bzw. konkreten Tod von Kindern tröstend wirken.

Der Titel „Pontifex Maximus" ist seit dem 3. Jahrhundert als ein Ehrentitel des Papstes überliefert. Er soll der oberste Brückenbauer zwischen Gott und den Menschen sein. Gerade dieses Bild des Brückenbauers darf sich der Seelsorger im Umgang mit verwaisten Eltern zu eigen machen. Den verwaisten Eltern ging durch den Tod ihres Kindes oft der Kontakt zu Gott verloren. Für sie ist es wichtig, einen Brückenbauer zu Gott zu haben.

Für atheistisch erzogene Menschen kann es eine Chance sein, wenn sie gerade im erfahrenen Leid einen Menschen zur Seite haben, der ihnen hilft, eine Brücke zu Gott aufzubauen. In der akuten Trauer der ersten Tage und Wochen ist der Glaube an das Wiedersehen in Gottes Reich oft der einzige Trost, den man den verwaisten Eltern anbieten kann.

So schrieb Kardinal Lehmann in der Einführung zu der Arbeitshilfe „Wenn das Leben mit dem Tod beginnt":

„Verstorbenen das letzte Geleit zu geben und Trauernde zu trösten, insbesondere tote neugeborene Kinder zu bestatten und betroffenen Eltern und ihren Familien beizustehen, ist Menschenpflicht für Christen und Nichtchristen. Diese Aufgabe stellt sich gleichermaßen für die Diözesen, Pfarrgemeinden und kirchlichen Krankenhäuser wie auch für die Städte und Gemeinden, zivilen Einrichtungen und nichtkirchlichen Kliniken."

Weiter schrieb er in Bezug auf die Begriffe Tot- und Fehlgeburt:

„Diese juristisch bzw. medizinisch notwendigen Unterscheidungen dürfen nicht vergessen lassen, dass ‚jede Tot- und Fehlgeburt' den ‚Tod eines Menschen' bedeutet, der ein Anrecht auf einen würdigen Umgang hat. Unter ‚totes neugeborenes Kind' sind alle Kinder zu verstehen, die vor, während oder kurz nach der Geburt gestorben sind – unabhängig von der Dauer der Schwangerschaft, Gewicht oder Größe. Die Angehörigen, die um ihr Kind trauern, dürfen in ihrem Schmerz von der Kirche nicht allein gelassen werden."

Zur Teilnahme von Kindern an Trauerfeier und Beerdigung

Kinder sind durchaus in der Lage, mit dem Tod ihres Geschwisterkindes umzugehen. Sie sollten daher nicht von der Teilnahme an Trauerfeier und Bestattung ausgeschossen, aber auch nicht dazu gezwungen werden. Für die Teilnahme von Kindern an Segnungen, Trauerfeiern und Bestattungen sollte Folgendes beachtet werden:

Im familiären Rahmen auf Kinder eingehen

Erfolgt die liturgische Handlung im familiären Rahmen, ist es sinnvoll, immer wieder erklärend auf das/die anwesende(n) Kind(er) einzugehen. So wird das Geschehen für diese(s) verständlich und erträglich.

Bei größerem Rahmen Patin bzw. Pate beistellen

Kinder haben oft Fragen zum Geschehen. Im familiären Kreis der liturgischen Handlung können Kinder ihre Fragen stellen, ohne störend zu wirken. Der Seelsorger kann sie sogleich beantworten. Ist der Kreis Teilnehmer größer (z. B. Trauerfeier oder Bestattung), wirken solche Fragen eher störend. Damit die Fragen aber zeitnah beantwortet werden können, ist es sinnvoll, den Kindern eine Patin bzw. einen Paten zur Seite zu stellen. Kinder haben mit ihrer Patin bzw. ihrem Paten auch die Möglichkeit, die liturgische Handlung zu verlassen, ohne dass dies als störend empfunden wird.

Taufe und Segnung

Eltern, deren Kind vor oder kurz nach der Geburt in Lebensgefahr ist, haben häufig das Bedürfnis nach Gewissheit, dass ihr Kind von Gott aufgenommen wird. Ausdruck dieses Bedürfnisses ist die Bitte um die Taufe des Kindes.

Nun spenden die beiden großen Kirchen (evangelische und katholische) Sakramente wie Taufe oder Krankensalbung nur lebenden Menschen. Dennoch kann der Seelsorger dem Bedürfnis der Eltern mit einer Segnung entsprechen. Die Segnung findet ihren biblischen Bezugspunkt in dem Wunsch der Frauen, den Leichnam Jesu am Ostermorgen zu salben (Mk 16,1–8; Lk 23,56–24,12; Joh 19,38–42).

Lebt bei Zwillingen nach der Geburt nur ein Kind, während das andere Kind tot ist, so ist das lebende Kind zu taufen und das tote zu segnen. In einem Gespräch vor oder nach der liturgischen Handlung soll den Eltern erklärt werden, warum dieser Unterschied vorgenommen wird.

Auf die Frage der betroffenen Eltern, ob wegen fehlender Taufe ihr Kind nicht im Himmel ist, sollte in jedem Fall darauf hingewiesen werden, dass Gott Heilswege kennt und offen hält, die uns Menschen verborgen sind. Einer davon ist die Begierdetaufe, d. h. Gott anerkennt den Wunsch nach der Taufe für das Kind so, als ob die Taufe schon vollzogen wäre.

Segnung

Für Segnungen gibt es keine besonderen rechtlichen Vorgaben. Es können lebende und tote Kinder gesegnet werden. Sie können getauft oder ungetauft sein. Aus diesem Grunde sollte eine Segnung immer dann angeboten werden, wenn sonst kein anderes religiöses Angebot gemacht werden kann. Im Gespräch mit den verwaisten Eltern sollte darauf hingewiesen werden, dass mit der Segnung Gott gebeten wird, das Kind zu sich zu nehmen und ihm alle Liebe zu schenken, die ihm die Eltern gerne selbst geschenkt hätten. Damit wissen die Trauernden um die Intension der Segnung und können dieser leichter zustimmen, insbesondere wenn sie um Taufe oder Krankensalbung eines toten Kindes gebeten hatten.

Taufe

Für die Taufe eines Kindes in Lebensgefahr müssen folgende Kriterien erfüllt sein:

Das Kind muss bei der Taufe noch leben. Ist es bereits verstorben, so darf es nicht getauft werden. Es besteht jedoch die Möglichkeit der Segnung und sollte in jedem Falle angeboten werden, insbesondere wenn die verwaisten Eltern um die Taufe ihres toten Kindes bitten.

Mindestens ein Elternteil muss um die Taufe des Kindes bitten. Bei offensichtlicher Uneinigkeit der Eltern ist von der Taufe abzusehen.

Für die Taufe eines Kindes in Lebensgefahr ist das Taufrituale (Die Feier der Kindertaufe [2007]) zu verwenden.

Abkürzungen und Hinweise

A	=	alle, die versammelte Gemeinde
EGB	=	Evangelisches Gesangbuch Bayern und Thüringen
FKT	=	Die Feier der Kindertaufe in den Bistümern des deutschen Sprachgebiets (2007)
GL	=	Gotteslob (Kath. Gebet- und Gesangbuch)
KBF	=	Die Kirchliche Begräbnisfeier in den Bistümern des deutschen Sprachgebiets (2009)
L	=	Lektor/in
N	=	Name des/der verstorbenen Kindes/r
TR	=	Troubadour für Gott. Neue Geistliche Lieder
V	=	Vorsteher (Leiter/in der liturgischen Handlung)
X	=	Name der Eltern des verstorbenen Kindes

Texte in Kleindruck enthalten Hinweise für die versammelte Gemeinde, die den Ritus bzw. das liturgische Geschehen erklären.

Segnungen

Segnung eines toten Kindes

Eröffnung

V Im Namen des Vaters und des Sohnes und des Heiligen Geistes.
A Amen.
V Der Vater des Erbarmens und der Gott allen Trostes sei mit euch.
A Und mit deinem Geiste.
V Liebe Familie *X.*, liebe Trauernde, *N.* ist so früh gestorben. *Sein/Ihr* Tod erfüllt Sie mit grenzenlosem Schmerz. Alle hier Anwesenden nehmen Anteil an Ihrer Trauer.

Klagerufe

V So bringen wir unsere Fragen und Klagen vor Gott. Dabei wiederholen Sie jeweils den Satz: „Sag uns warum!"

Warum konnte der Tod von *N.* nicht verhindert werden?
Sag uns warum!
A Sag uns warum!
V Warum durfte *N.* nicht leben wie wir?
Sag uns warum!
A Sag uns warum!
V Warum? Sag uns warum!
A Sag uns warum!
V Der angefragte Gott erbarme sich Ihrer. Er gebe Ihnen Kraft, das zu tragen, was keiner tragen will, und wandle Ihre Klagen in Segen – für Sie und ihr Kind. Darum bitten wir durch Christus, unseren Herrn.
A Amen.

Kyrierufe

V Im Tod eines Kindes begegnen wir einem Gott, den wir nicht verstehen. Als Christen leben wir aus der Hoffnung, dass der Tod nicht das Ende unseres Lebens ist, sondern der Beginn eines neuen Lebens. Dieser Glaube tröstet uns. So rufen wir Gott um sein Erbarmen an.

Herr Jesus Christus, du hast uns den Weg zum Vater gezeigt.
Herr, erbarme dich.
A Herr, erbarme dich.
V Du hast durch deinen Tod der Welt das Leben geschenkt.
Christus, erbarme dich.
A Christus, erbarme dich.
V Du hast uns im Hause deines Vaters eine Wohnung bereitet.
Herr, erbarme dich.
A Herr, erbarme dich.
V Der barmherzige Gott erbarme sich unser. Er stehe uns bei in unserer Trauer und führe uns wie nun N. zum ewigen Leben.
A Amen.

Gebet

V Allmächtiger Gott,
hilflos stehen wir dem Sterben unserer Lieben gegenüber. Es fällt uns schwer, den Tod zu begreifen und zu bejahen. Doch der Tod ist unabänderlich. Du aber hast uns deinen Sohn gesandt, der nicht im Tode blieb, sondern auferstand. Darum können auch wir auf die Auferstehung vertrauen. Erhalte uns in dem Glauben auf das Wiedersehen in deinem Reich und führe N. zum neuen Leben. Darum bitten wir durch Christus, unseren Herrn.
A Amen.

Schriftlesung

V In jener Zeit brachte man Kinder zu Jesus, damit er ihnen die Hände auflegte. Die Jünger aber wiesen die Leute schroff ab. Als Jesus das sah, wurde er unwillig und sagte zu ihnen: Lasst die Kinder zu mir kommen; hindert sie nicht daran! Denn Menschen wie ihnen gehört das Reich Gottes. Und er nahm die Kinder in seine Arme; dann legte er ihnen die Hände auf und segnete sie. *(Mk 10,13f.16)*

Fürbitten

V Liebe Familie X., der Tod von N. brachte Ihr Leben in Unordnung. Die Ordnung, dass die Alten vor den Jungen sterben, stimmt nun nicht mehr, sie wurde auf den Kopf gestellt. Wenden wir uns im vertrauensvollen Gebet aus der Kraft unseres gemeinsamen Glaubens an Gott und bitten ihn:
L Begleite Familie X. auf ihrem schweren Weg durch die Trauer.
A Wir bitten dich, erhöre uns.
L Stehe den Trauernden bei in diesen schweren Stunden.
A Wir bitten dich, erhöre uns.
L Segne die Tränen, die um N. geweint werden.
A Wir bitten dich, erhöre uns.
L Nimm N. auf in das Paradies deiner grenzenlosen Liebe.
A Wir bitten dich, erhöre uns.
L Vereine uns dereinst mit N. in deinem Reich beim Fest der großen Freude.
V Mit großem Vertrauen kommen wir zu dir, o Gott. Erhöre unsere Bitten, der du lebst und herrschst in alle Ewigkeit.
A Amen.

Segen und Schluss siehe S. 37f.

Segnung eines Kindes, das während der Schwangerschaft starb

Eröffnung
V Im Namen des Vaters und des Sohnes und des Heiligen Geistes.
A Amen.
V Der Vater des Erbarmens und der Gott allen Trostes sei mit euch.
A Und mit deinem Geiste.
V Liebe Familie X., liebe Trauernde,
Sie hatten sich so sehr auf Ihr Kind gefreut. Zerstört sind jetzt Hoffnungen, Wünsche und Lebenspläne, zerfallen zu Bruchstücken. Sie stehen vor der schweren Aufgabe, Ihr erst empfangenes Kind schon jetzt hergeben zu müssen. Sie trauern um Ihr Kind, dessen Leben Sie in sich gespürt haben, auf das Sie sich gefreut haben, dem Sie sich in Liebe zugewandt haben. Alle hier Anwesenden nehmen Anteil an Ihrer Trauer.

Klagerufe
V Unsere Fragen und Klagen bringen wir vor Gott. Dabei wiederholen Sie jeweils den Satz: „Sag uns warum!"

Warum konnte der Tod von N. nicht verhindert werden? Sag uns warum!
A Sag uns warum!
V Warum durfte N. nicht leben wie wir? Sag uns warum!
A Sag uns warum!
V Warum? Sag uns warum!
A Sag uns warum!
V Der angefragte Gott erbarme sich Ihrer. Er gebe Ihnen Kraft, das zu tragen, was keiner tragen will, und wandle Ihre Klagen in Segen – für Sie und ihr Kind. Darum bitten wir durch Christus, unseren Herrn.
A Amen.

Kyrierufe
V Im Tod eines Kindes begegnen wir einem Gott, den wir nicht verstehen. Als Christen leben wir aus der Hoffnung, dass der Tod nicht das Ende unseres Lebens ist, sondern der Beginn eines neuen Lebens. Dieser Glaube tröstet uns. So rufen wir Gott um sein Erbarmen an.

    Herr Jesus Christus, du hast uns den Weg zum Vater gezeigt:
Herr, erbarme dich.
A Herr, erbarme dich.
V Du hast durch deinen Tod der Welt das Leben geschenkt:
Christus, erbarme dich.
A Christus, erbarme dich.
V Du hast uns im Haus deines Vaters eine Wohnung bereitet:
Herr, erbarme dich.
A Herr, erbarme dich.
V Der barmherzige Gott erbarme sich unser. Er stehe uns bei in unserer Trauer und führe uns wie auch N. zum ewigen Leben.
A Amen.

Gebet

V Allmächtiger Gott,
hilflos stehen wir dem Sterben unserer Lieben gegenüber. Es fällt uns schwer, den Tod zu begreifen und zu bejahen. Doch der Tod ist unabänderlich. Du aber hast uns deinen Sohn gesandt, der nicht im Tode blieb, sondern auferstand. Darum können auch wir auf die Auferstehung vertrauen. Erhalte uns in dem Glauben auf das Wiedersehen in deinem Reich und führe N. zum neuen Leben. Darum bitten wir durch Christus, unseren Herrn.
A Amen.

Schriftlesung

L In jener Zeit brachte man Kinder zu Jesus, damit er ihnen die Hände auflegte. Die Jünger aber wiesen die Leute schroff ab. Als Jesus das sah, wurde er unwillig und sagte zu ihnen: Lasst die Kinder zu mir kommen; hindert sie nicht daran! Denn Menschen wie ihnen gehört das Reich Gottes. Und er nahm die Kinder in seine Arme; dann legte er ihnen die Hände auf und segnete sie. *(Mk 10,13f.16)*

Bitten

V Liebe Familie X., Sie konnten Ihrem Kind nicht von Angesicht zu Angesicht sagen: „Es ist gut, dass du da bist." Zu früh starb es. Sie müssen hergeben, was Sie festhalten wollten. Unsere guten Wünsche mögen es begleiten. So bitten wir Gott für N. und alle, die um *ihn/sie* trauern:
L Herr, gib uns Kraft, damit wir mit dem Tod von N. leben können.
A Wir bitten dich, erhöre uns.
L Herr, gib uns Mut, damit wir wieder „Ja" zum Leben sagen.
A Wir bitten dich, erhöre uns.
L Herr, gib uns Glauben, damit wir auch weiterhin zu dir stehen.
A Wir bitten dich, erhöre uns.
L Herr, schenk uns Hoffnung, damit wir wieder lachen können.
A Wir bitten dich, erhöre uns.
L Herr, lasse N. in deiner Liebe geborgen sein.
A Wir bitten dich, erhöre uns.
V Mit großem Vertrauen kommen wir zu dir, o Gott. Erhöre unsere Bitten, der du lebst und herrschst in alle Ewigkeit.
A Amen.

Segen und Schluss siehe 37f.

Nach einem Schwangerschaftsabbruch

Eröffnung
V Im Namen des Vaters und des Sohnes und des Heiligen Geistes.
A Amen.
V Der Vater des Erbarmens und der Gott allen Trostes sei mit euch.
A Und mit deinem Geiste.
V Liebe Familie X., liebe Trauernde,
Sie hatten sich so sehr auf ihr Kind gefreut. Doch dann wurde an N. eine schwere Erkrankung diagnostiziert. Damit standen Sie vor einer schweren Wahl. Sie wussten: Jede Ihrer Entscheidungen würde falsch sein, aber sie mussten sich entscheiden. Sie haben sich für den Tod von N. entschieden. Alle hier Anwesenden nehmen Anteil an Ihrer Trauer. Als Christen leben wir aus dem Glauben um Vergebung und Auferstehung. Dieser Glaube tröstet uns. So rufen wir Gott um sein Erbarmen an.

Kyrierufe
V Herr Jesus Christus, du hast keinen Menschen verurteilt.
Herr, erbarme dich.
A Herr, erbarme dich.
V Du hast den Sündern ihre Schuld vergeben.
Christus, erbarme dich.
A Christus, erbarme dich.
V Du hast dem Schächer am Kreuz dein Reich verheißen.
Herr, erbarme dich.
A Herr, erbarme dich.
V Der barmherzige Gott erbarme sich unser. Er nehme alle Schuld, alles Schwere und Bedrückende von uns und führe uns wie nun N. zum ewigen Leben.
A Amen.

Klagerufe
V Die schwere Erkrankung von N. wirft viele Fragen auf, mit denen wir uns vertrauensvoll an Gott wenden. Ich lade Sie ein, jeweils den Satz zu wiederholen: „Sag uns warum!"

V Warum konnte *N.* nicht gesund heranwachsen? Sag uns warum!
A Sag uns warum!
V Warum durfte *N.* nicht leben wie wir? Sag uns warum!
A Sag uns warum!
V Warum? Sag uns warum!
A Sag uns warum!
V Der angefragte Gott erbarme sich Ihrer. Er gebe Ihnen Kraft, das zu tragen, was keiner tragen will, und wandle Ihre Fragen in Segen – für Sie und ihr Kind. Darum bitten wir durch Christus, unseren Herrn.
A Amen.

Gebet
V Allmächtiger Gott,
hilflos stehen wir dem Wirken der Natur gegenüber. Es fällt uns schwer, in dieser Situation nun zu dir zu kommen. Fühlen wir uns doch so schuldig. *N.* ist jedoch völlig unschuldig. Daher nimm dich *seiner/ihrer* an. Nimm *ihn/sie* auf in deine himmlische Herrlichkeit. Darum bitten wir durch Christus, unseren Herrn.
A Amen.

Schriftlesung
L Aus dem heiligen Evangelium nach Markus In jener Zeit brachte man Kinder zu Jesus, damit er ihnen die Hände auflegte. Die Jünger aber wiesen die Leute schroff ab. Als Jesus das sah, wurde er unwillig und sagte zu ihnen: Lasst die Kinder zu mir kommen; hindert sie nicht daran! Denn Menschen wie ihnen gehört das Reich Gottes. Und er nahm die Kinder in seine Arme; dann legte er ihnen die Hände auf und segnete sie. *(Mk 10,13f.16)*

Fürbitten
V Liebe Familie *X.*, als Christen leben wir aus der Hoffnung, dass der Tod nicht das Ende unseres Lebens ist, sondern der Beginn eines neuen Lebens. Dieser Glaube tröstet uns. Daher wenden wir uns im vertrauensvollen Gebet aus der Kraft unseres gemeinsamen Glaubens an Gott und bitten ihn:
L Herr, unser Gott, hilf Familie *X.* zu unterscheiden zwischen der Schuld, die du ihnen vergibst, und der Erinnerung, die sie vor weiteren Fehlern bewahren wird.
A Wir bitten dich, erhöre uns.

L Begleite sie auf ihrem schweren Weg durch verständnisvolle Menschen, die sie annehmen, wie du sie annimmst.
A Wir bitten dich, erhöre uns.
L Segne ihre Tränen, die sie um N. weinen durch Menschen, die mit ihnen um N. trauern.
A Wir bitten dich, erhöre uns.
L Segne N., *den/die* die Eltern so gerne angenommen hätten, nun aber voller Vertrauen an dich zurückgeben.
A Wir bitten dich, erhöre uns.
L Vereine uns alle dereinst mit N. in deinem Reich im Fest der großen Freude.
A Wir bitten dich, erhöre uns.
V Mit großem Vertrauen kommen wir zu dir, o Gott. Erhöre unsere Bitten, der du lebst und herrschst in alle Ewigkeit.
A Amen.

Segen und Schluss siehe S. 37f.

Tod nach längerem Bangen

Eröffnung
V Im Namen des Vaters und des Sohnes und des Heiligen Geistes.
A Amen.
V Der Vater des Erbarmens und der Gott allen Trostes sei mit euch.
A Und mit deinem Geiste.
V Liebe Familie X., liebe Trauernde,
lange haben Sie um das Leben Ihres Kindes N. gebangt. Vergebens waren all die Mühen der Ärzte. N. starb. Sie hatten gehofft, dass Sie diese Situation nie erleben würden. Nun geht sie unauslöschlich in Ihre Biografie ein. Der Tod von N. erfüllt Sie mit großem, grenzenlosem Schmerz. Alle hier Anwesenden nehmen Anteil an Ihrer Trauer.

Klagerufe
V Unsere Fragen und Klagen bringen wir vor Gott. Dabei wiederholen Sie jeweils den Satz: „Sag uns warum!"

Warum konnte der Tod von N. nicht verhindert werden?
Sag uns warum!
A Sag uns warum!
V Warum durfte N. nicht leben wie wir? Sag uns warum!
A Sag uns warum!
V Warum? Sag uns warum!
A Sag uns warum!
V Der angefragte Gott erbarme sich Ihrer. Er gebe Ihnen Kraft, das zu tragen, was keiner tragen will, und wandle Ihre Klagen in Segen – für Sie und ihr Kind. Darum bitten wir durch Christus, unseren Herrn.
A Amen.

Kyrierufe
V Im Tod eines Kindes begegnen wir einem Gott, den wir nicht verstehen. Als Christen leben wir aus der Hoffnung, dass der Tod nicht das Ende unseres Lebens ist, sondern der Beginn eines neuen Lebens. Dieser Glaube tröstet uns. So rufen wir Gott um sein Erbarmen an.

Herr Jesus Christus, du hast uns den Weg zum Vater gezeigt.
Herr, erbarme dich.
A Herr, erbarme dich.
V Du hast durch deinen Tod der Welt das Leben geschenkt.
Christus, erbarme dich.
A Christus, erbarme dich.
V Du hast uns im Hause deines Vaters eine Wohnung bereitet.
Herr, erbarme dich.
A Herr, erbarme dich.
V Der barmherzige Gott erbarme sich unser. Er stehe uns bei in unserer Trauer und führe uns wie nun N. zum ewigen Leben.
A Amen.

Gebet
V Allmächtiger Gott,
hilflos stehen wir dem Sterben unserer Lieben gegenüber. Es fällt uns schwer, den Tod zu begreifen und zu bejahen. Doch der Tod ist unabänderlich. Du aber hast uns deinen Sohn gesandt, der nicht im Tode blieb, sondern auferstand. Darum können auch wir auf die Auferstehung vertrauen. Erhalte uns in dem Glauben auf das Wiedersehen in deinem Reich und führe N. zum neuen Leben. Darum bitten wir durch Christus, unseren Herrn.
A Amen.

Schriftlesung
V Aus dem heiligen Evangelium nach Markus In jener Zeit brachte man Kinder zu Jesus, damit er ihnen die Hände auflegte. Die Jünger aber wiesen die Leute schroff ab. Als Jesus das sah, wurde er unwillig und sagte zu ihnen: Lasst die Kinder zu mir kommen; hindert sie nicht daran! Denn Menschen wie ihnen gehört das Reich Gottes. Und er nahm die Kinder in seine Arme; dann legte er ihnen die Hände auf und segnete sie. *(Mk 10,13f.16)*

Fürbitten

V Liebe Familie X., der Tod von N. brachte Ihr Leben in Unordnung. Die Ordnung, dass die Alten vor den Jungen sterben, wurde auf den Kopf gestellt. Wenden wir uns im vertrauensvollen Gebet aus der Kraft unseres gemeinsamen Glaubens an Gott und bitten ihn:
L Begleite Familie X. auf ihrem schweren Weg durch die Trauer.
A Wir bitten dich, erhöre uns.
L Stehe den Trauernden bei in diesen schweren Stunden.
A Wir bitten dich, erhöre uns.
L Lohne die Mühen der Ärzte, auch wenn sie N. nicht helfen konnten.
A Wir bitten dich, erhöre uns.
L Segne N., *der/die* so früh gestorben ist.
A Wir bitten dich, erhöre uns.
L Vereine uns alle dereinst in deinem Reich beim Fest der großen Freude.
A Wir bitten dich, erhöre uns.
V In großer Trauer kommen wir voll Vertrauen zu dir, o Gott. Erhöre unsere Bitten, der du lebst und herrschst in alle Ewigkeit.
A Amen.

Segen und Schluss siehe S. 37f.

Wenn das Kind nach der Geburt verstarb

Eröffnung
V Im Namen des Vaters und des Sohnes und des Heiligen Geistes.
A Amen.
V Der Vater des Erbarmens und der Gott allen Trostes sei mit euch.
A Und mit deinem Geiste.
V Liebe Familie X., liebe Trauernde, N. ist kurz nach der Geburt gestorben. *Sein/Ihr* Tod erfüllt Sie mit grenzenlosem Schmerz. Alle hier Anwesenden nehmen Anteil an Ihrer Trauer.

Klagerufe
V Unsere Fragen und Klagen bringen wir vor Gott. Dabei wiederholen Sie jeweils den Satz: „Sag uns warum!"

   Warum konnte der Tod von N. nicht verhindert werden?
   Sag uns warum!
A Sag uns warum!
V Warum durfte N. nicht leben wie wir? Sag uns warum!
A Sag uns warum!
V Warum? Sag uns warum!
A Sag uns warum!
V Der angefragte Gott erbarme sich Ihrer. Er gebe Ihnen Kraft, das zu tragen, was keiner tragen will, und wandle Ihre Klagen in Segen – für Sie und ihr Kind. Darum bitten wir durch Christus, unseren Herrn.
A Amen.

Kyrierufe
V Im Tod eines Kindes begegnen wir einem Gott, den wir nicht verstehen. Als Christen leben wir aus der Hoffnung, dass der Tod nicht das Ende unseres Lebens ist, sondern der Beginn eines neuen Lebens bei Gott. Dieser Glaube tröstet uns. So rufen wir Gott um sein Erbarmen an.

   Herr Jesus Christus, du hast uns den Weg zum Vater gezeigt.
   Herr, erbarme dich.
A Herr, erbarme dich.
V Du hast durch deinen Tod der Welt das Leben geschenkt.
   Christus, erbarme dich.
A Christus, erbarme dich.

V Du hast uns im Hause deines Vaters eine Wohnung bereitet.
   Herr, erbarme dich.
A Herr, erbarme dich.
V Der barmherzige Gott erbarme sich unser. Er stehe uns bei in unserer Trauer und führe uns wie nun N. zum ewigen Leben.
A Amen.

Gebet
V Allmächtiger Gott,
   hilflos stehen wir dem Sterben unserer Lieben gegenüber. Es fällt uns schwer, den Tod zu begreifen und zu bejahen. Doch der Tod ist unabänderlich. Du aber hast uns deinen Sohn gesandt, der nicht im Tode blieb, sondern auferstand. Darum können auch wir auf die Auferstehung vertrauen. Erhalte uns in dem Glauben auf das Wiedersehen in deinem Reich und führe N. zum neuen Leben. Darum bitten wir durch Christus, unseren Herrn.
A Amen.

Schriftlesung
V Aus dem heiligen Evangelium nach Markus In jener Zeit brachte man Kinder zu Jesus, damit er ihnen die Hände auflegte. Die Jünger aber wiesen die Leute schroff ab. Als Jesus das sah, wurde er unwillig und sagte zu ihnen: Lasst die Kinder zu mir kommen; hindert sie nicht daran! Denn Menschen wie ihnen gehört das Reich Gottes. Und er nahm die Kinder in seine Arme; dann legte er ihnen die Hände auf und segnete sie. *(Mk 10,13f.16)*

Fürbitten
V Liebe Familie X., der Tod von N. brachte Ihr Leben in Unordnung. Die Ordnung, dass die Alten vor den Jungen sterben, wurde auf den Kopf gestellt. Wenden wir uns im vertrauensvollen Gebet aus der Kraft unseres gemeinsamen Glaubens an Gott und bitten ihn:
L Stehe allen Trauernden bei in diesen schweren Stunden.
A Wir bitten dich, erhöre uns.
L Begleite Familie X. auf ihrem schweren Weg durch die Trauer.
A Wir bitten dich, erhöre uns.
L Segne ihre Tränen, die sie um N. weinen.
A Wir bitten dich, erhöre uns.
L Segne N., *der/die* so früh gestorben ist.
A Wir bitten dich, erhöre uns.

L   Vereine uns alle dereinst mit *N.* in deinem Reich beim Fest der großen Freude.
A   Wir bitten dich, erhöre uns.
V   Mit großem Vertrauen kommen wir zu dir, o Gott. Erhöre unsere Bitten, der du lebst und herrschst in alle Ewigkeit.
A   Amen.

Segen und Schluss siehe S. 37f.

Segen und Schluss

Es ist sinnvoll, die Segenshandlung erst kurz zu beschreiben und die Anwesenden einzuladen, dem toten Kind ebenfalls die Hand aufzulegen und es mit dem Weihwasser zu segnen. Der Vorsteher macht es vor.

V Ich werde zunächst N. die Hände zum Segen auf den Kopf legen und von Gott erbitten, dass er *sie/ihn* zu sich in den Himmel nehme. Sie können dies im Anschluss ebenso machen oder mit einer anderen Geste Ihre guten Wünsche an N. ausdrücken.

Handauflegung des Vorstehers und der Anwesenden.
Auch beim Segnen mit dem Weihwasser ist es hilfreich, wenn der Vorsteher diese mit erklärenden Worten einleitet und die Anwesenden zur Wiederholung des Ritus einlädt.

V Ich werde N. zum Segen mit dem Weihwasser ein Kreuzzeichen auf die Stirn machen und *sie/ihn* damit Gott anempfehlen. Sie können dies anschließend auch machen, ob nun mit Worten oder in Stille, ganz wie Sie wollen.

N., der gütige und liebende Gott nehme dich auf in seine himmlische Herrlichkeit. Es segne dich und uns der allmächtige und barmherzige Gott, der Vater und der Sohn und der Heilige Geist.
A Amen.

Gebet
V Gütiger Gott,
   in deine Hände empfehlen wir N. Wir bitten dich, schenke *ihr/ihm* all die Liebe, die *ihr/ihm* die Eltern gerne selbst gegeben hätten. Uns aber, die wir hier zurückbleiben, gib die Kraft, einander zu trösten mit der Botschaft des Glaubens, bis wir alle vereint sind bei dir. Darum bitten wir durch Christus unseren Herrn.
A Amen.
V Lasst uns nun beten, wie Jesus seine Jünger zu beten gelehrt hat:
A Vater unser im Himmel …

Schlussgebet

V N., zum Paradies mögen Engel dich geleiten, die heiligen Märtyrer dich begrüßen und dich führen in die heilige Stadt Jerusalem. Die Chöre der Engel mögen dich empfangen und durch Christus, der für dich gestorben ist, soll ewiges Leben dich erfreuen.

Schlusssegen

V Der Herr sei mit euch.
A Und mit deinem Geiste.
V Der Herr segne euch und behüte euch. Er lasse sein Angesicht über euch leuchten und sei euch gnädig. Er erhebe sein Angesicht über euch und schenke euch Trost, Frieden und Heil. Das gewähre euch der Vater und der Sohn und der Heilige Geist.
A Amen.

oder

V Es segne, tröste und begleite euch der allmächtige und barmherzige Herr, der Vater und der Sohn und der Heilige Geist.
A Amen.

Segnung eines geborenen Kindes in Todesgefahr

Eröffnung
V Im Namen des Vaters und des Sohnes und des Heiligen Geistes.
A Amen.
V Der Vater des Erbarmens und der Gott allen Trostes sei mit euch.
A Und mit deinem Geiste.
V Liebe Familie X., wir sind hier zusammengekommen, um N. Gott anzuempfehlen, denn Sie bangen um das Leben Ihres Kindes. Wir alle, die wir uns hier mit Ihnen versammelt haben, nehmen Anteil an Ihrer Sorge.

Kyrierufe
V Als Christen leben wir aus der Hoffnung, dass Gott uns nicht alleine lässt. Er begleitet uns, auch wenn er uns Schweres zumutet. Dieser Glaube tröstet uns. So rufen wir Gott um sein Erbarmen an.

V Herr Jesus Christus, du hast Kranke geheilt.
   Herr, erbarme dich.
A Herr, erbarme dich.
V Du hast Tote wieder zum Leben erweckt.
   Christus, erbarme dich.
A Christus, erbarme dich.
V Du hast uns deine immerwährende Gegenwart zugesichert.
   Herr, erbarme dich.
A Herr, erbarme dich.
V Der barmherzige Gott erbarme sich unser. Er stehe uns bei in unseren Ängsten und führe N. dem Leben zu.
A Amen.

Gebet
V Herr, unser Gott,
   das Leben ist zu allen Zeiten und an allen Orten vom Tod bedroht. Dies wird uns angesichts der Lebensgefahr von N. deutlich. Stehe den Ärzten bei, die sich um das Leben von N. mühen. Stärke Familie X. in ihrem Glauben und ihrer Hoffnung und schenke N. wieder volle Gesundheit. Darum bitten wir durch Jesus Christus, deinen Sohn.

oder

V   Allmächtiger Gott,
hilflos stehen wir dem Geschehen der Natur gegenüber. Es fällt uns schwer, dies auszuhalten. Du aber hast uns deinen Sohn gesandt, der als Heiland den Menschen Heilung brachte. Erhalte das Leben von N. und führe *sie/ihn* gesund *ihren/seinen* Eltern zu. Darum bitten wir durch Christus, unseren Herrn.
A   Amen.

Schriftlesung
V   Aus dem heiligen Evangelium nach Markus
In jener Zeit brachte man Kinder zu Jesus, damit er ihnen die Hände auflegte. Die Jünger aber wiesen die Leute schroff ab. Als Jesus das sah, wurde er unwillig und sagte zu ihnen: Lasst die Kinder zu mir kommen; hindert sie nicht daran! Denn Menschen wie ihnen gehört das Reich Gottes. Und er nahm die Kinder in seine Arme; dann legte er ihnen die Hände auf und segnete sie. *(Mk 10,13f.16)*

Fürbitten
V   Liebe Familie X., Ärzte ringen um das Leben Ihres Kindes. In unserer Not bleibt uns nur, uns vertrauensvoll an Gott zu wenden und ihn zu bitten:
L   Segne das Handeln der Ärzte, die sich um das Leben von N. mühen.
A   Wir bitten dich, erhöre uns.
L   Erhalte das Leben von N. und führe *sie/ihn* zur vollständigen Genesung.
A   Wir bitten dich, erhöre uns.
L   Begleite Familie X. auf ihrem schweren Weg durch dieses Leid.
A   Wir bitten dich, erhöre uns.
L   Stärke alle, die Familie X. in diesen Tagen begleiten.
V   Mit großem Vertrauen kommen wir zu dir, o Gott. Erhöre unsere Bitten, der du lebst und herrschst in alle Ewigkeit.
A   Amen.

Segen
Es ist sinnvoll, die Segenshandlung erst kurz zu beschreiben und die Anwesenden einzuladen, dem Kind ebenfalls die Hand aufzulegen und es mit dem Weihwasser zu segnen. Der Vorsteher macht es vor.

V   Ich werde N. zunächst die Hände zum Segen auf dem Kopf legen und von Gott für N. alles Gute erbitten, all das, was *er/sie* nun dringend braucht.

Auch beim Segnen mit dem Weihwasser ist es hilfreich, dass der Vorsteher dies kurz erklärt und die Anwesenden einlädt, dies ebenfalls zu tun.

V   Ich werde N. zum Segen mit dem Weihwasser ein Kreuzzeichen auf die Stirn machen.

An weitere anwesende Personen gewandt:

V   Auch Sie können nun N. segnen, mit Worten oder in Stille, ganz wie Sie wollen.

V   N., der rettende Gott entreiße dich allen Gefahren und lasse dich gesund werden. Dazu segne dich der allmächtige und barmherzige Gott, der Vater und der Sohn und der Heilige Geist.
A   Amen.

Gebet
V   Gütiger Gott,
in deine Hände empfehlen wir N. Wir bitten dich, schenke *ihr/ihm* Gesundheit an Leib und Seele. Führe N. den Eltern als gesundes Kind zu. Darum bitten wir durch Christus, unseren Herrn.
A   Amen.
V   So lasst uns beten, wie Jesus seine Jünger zu beten gelehrt hat:
A   Vater unser im Himmel …

Schlusssegen
V   Der Herr sei mit euch.
A   Und mit deinem Geiste.
V   Der Herr segne eure Sorgen mit der Gesundheit von N. Er stehe euch bei in dieser schweren Zeit und lasse eure Hoffnung nicht sinken. Das gewähre euch der allmächtige Gott, der Vater und der Sohn und der Heilige Geist.
A   Amen.

Segnung eines Kindes, das im Mutterleib in Todesgefahr ist

Besteht keine Todesgefahr, siehe: Segnung eines Paares.

Eröffnung
- V Im Namen des Vaters und des Sohnes und des Heiligen Geistes.
- A Amen.
- V Der Vater des Erbarmens und der Gott allen Trostes sei mit euch.
- A Und mit deinem Geiste.
- V Liebe Familie X., wir sind hier zusammengekommen, um N. Gott anzuempfehlen, denn Sie bangen um das Leben Ihres Kindes. Wir alle, die wir uns hier mit Ihnen versammelt haben, nehmen Anteil an Ihrer Sorge.

Kyrierufe
- V Als Christen leben wir aus der Hoffnung, dass Gott uns nicht alleine lässt. Er begleitet uns, auch wenn er uns Schweres zumutet. Dieser Glaube tröstet uns. So rufen wir Gott um sein Erbarmen an.

- V Herr Jesus Christus, du hast Kranke geheilt.
  Herr, erbarme dich.
- A Herr, erbarme dich.
- V Du hast Tote wieder zum Leben erweckt.
  Christus, erbarme dich.
- A Christus, erbarme dich.
- V Du hast uns deine immerwährende Gegenwart zugesichert.
  Herr, erbarme dich.
- A Herr, erbarme dich.
- V Der barmherzige Gott erbarme sich unser. Er stehe uns bei in unseren Ängsten und führe N. dem Leben zu.
- A Amen.

Gebet

V Allmächtiger Gott,
hilflos stehen wir dem Geschehen der Natur gegenüber. Es fällt uns schwer, dies auszuhalten. Du aber hast uns deinen Sohn gesandt, der als Heiland den Menschen Heilung brachte. Erhalte das Leben von N. und führe *sie/ihn* gesund *ihren/seinen* Eltern zu. Darum bitten wir durch Christus, unseren Herrn.

A Amen.

Schriftlesung

V Aus dem heiligen Evangelium nach Markus
In jener Zeit brachte man Kinder zu Jesus, damit er ihnen die Hände auflegte. Die Jünger aber wiesen die Leute schroff ab. Als Jesus das sah, wurde er unwillig und sagte zu ihnen: Lasst die Kinder zu mir kommen; hindert sie nicht daran! Denn Menschen wie ihnen gehört das Reich Gottes. Und er nahm die Kinder in seine Arme; dann legte er ihnen die Hände auf und segnete sie. *(Mk 10,13f.16)*

Fürbitten

V Liebe Familie X., Ärzte ringen um das Leben Ihres Kindes. In unserer Not bleibt uns nur, uns vertrauensvoll an Gott zu wenden und ihn zu bitten:

L Segne das Handeln der Ärzte, die sich um das Leben von N. mühen.

A Wir bitten dich, erhöre uns.

L Erhalte das Leben von N. und führe *sie/ihn* zur vollständigen Genesung.

A Wir bitten dich, erhöre uns.

L Begleite Familie X. auf ihrem schweren Weg durch dieses Leid.

A Wir bitten dich, erhöre uns.

L Stärke alle, die Familie X. in diesen Tagen begleiten.

V Mit großem Vertrauen kommen wir zu dir, o Gott. Erhöre unsere Bitten, der du lebst und herrschst in alle Ewigkeit.

A Amen.

Segen

Es ist sinnvoll, die Segenshandlung erst kurz zu beschreiben und die Anwesenden einzuladen, der Mutter ebenfalls die Hand aufzulegen und sie mit dem Weihwasser zu segnen. Der Vorsteher macht es vor.

V Frau X., ich werde Ihnen zunächst die Hände zum Segen auf dem Kopf legen und von Gott für Sie und Ihr Kind alles Gute erbitten, all das, was sie beide nun dringend braucht.

Auch beim Segnen mit dem Weihwasser ist es hilfreich, dass der Vorsteher dies kurz erklärt und die Anwesenden, sofern die Mutter einverstanden ist, einlädt, dies ebenfalls zu tun.

V Ich werde Ihnen. zum Segen für N. mit dem Weihwasser ein Kreuzzeichen auf die Stirn machen.

An weitere anwesende Personen gewandt:

V Auch Sie können nun die Mutter und N. segnen, mit Worten oder in Stille, ganz wie Sie wollen.

V Frau X., der rettende Gott entreiße Ihr Kind allen Gefahren und lasse es gesund werden. Dazu segne dich der allmächtige und barmherzige Gott, der Vater und der Sohn und der Heilige Geist.
A Amen.

Gebet
V Gütiger Gott,
   in deine Hände empfehlen wir das Kind der Familie X. Wir bitten dich, schenke ihm Gesundheit an Leib und Seele und führe diese Schwangerschaft zu einem glücklichen Ende mit einem gesunden Kind. Darum bitten wir durch Christus, unseren Herrn.
A Amen.
V So lasst uns beten, wie Jesus seine Jünger zu beten gelehrt hat:
A Vater unser im Himmel …

Schlusssegen
V Der Herr sei mit euch.
A Und mit deinem Geiste.
V Der Herr segne eure Sorgen mit der Gesundheit von N. Er stehe euch bei in dieser schweren Zeit und lasse eure Hoffnung nicht sinken. Das gewähre euch der allmächtige Gott, der Vater und der Sohn und der Heilige Geist.
A Amen.

Segnung eines Paares, das ein Kind erwartet

Fast alle Frauen/Paare, denen ein Kind während der Schwangerschaft gestorben ist, haben bei einer Folgeschwangerschaft Angst, dass ihnen das wieder passiert, auch wenn es noch keine Anzeichen dafür gibt. Um die Angst solcher Paare zu lindern, kann in einer Klinik monatlich ein Segnungsgottesdienst für schwangere Paare angeboten werden. Bei diesen Gottesdiensten sind oft mehrere Paare anwesend, die dann einzeln den Segen empfangen. Auch Paare, denen noch kein Kind gestorben ist, nehmen daran teil, insbesondere wenn es Komplikationen während der Schwangerschaft gibt. Diese müssen nicht gleich lebensbedrohlich sein.

Eröffnung
V Im Namen des Vaters und des Sohnes und des Heiligen Geistes.
A Amen.
V Der Vater des Erbarmens und der Gott aller Hoffnung sei mit euch.
A Und mit deinem Geiste.
V Sehr geehrte werdende Eltern, (liebe Kinder,) ich begrüße Sie ganz herzlich zum heutigen Segnungsgottesdienst für werdende Eltern in der *Klinik ... / Gemeinde ...* Ich kenne Ihre persönlichen Umstände und Verhältnisse nicht, unter denen Sie, die werdenden Mütter, ihre Schwangerschaft erleben. Ich bin mir jedoch sicher, dass sie nicht bei allen gleich sind. Bei den meisten von Ihnen wird es sicherlich ein geplantes und sehnlich gewünschtes Kind sein. Bei einigen war vielleicht die Schwangerschaft nicht geplant, vielleicht auch zu diesem Zeitpunkt noch nicht gewollt. Vielleicht ist auch jemand hier, der medizinische Unterstützung benötigte, um schwanger zu werden. Mögen die Umstände und Hintergründe, die zu dieser Schwangerschaft geführt haben, auch noch so verschieden sein, so verbindet Sie alle doch eines: Sie erbitten für sich und Ihr Kind den Segen Gottes.

Erklärung von Segen
Viele Menschen wissen mit Segen kaum etwas oder nichts mehr anzufangen. Daher ist es sinnvoll, die Bedeutung des Segens zu erklären.

V Das lateinische „benedicere" bedeutet, wörtlich übersetzt: Jemandem ein gutes Wort sagen, Gutes zusprechen. Das hebräische „hesed" bedeutet noch mehr: sich jemanden liebevoll zuwenden. Von Gott erbitten wir in diesem Gottesdienst für Sie und Ihr Kind diese liebende Zuwendung. Möge er Ihnen eine harmonisch verlaufende Schwangerschaft und an deren Ende eine glückliche Geburt und ein gesundes Kind schenken.

Gebet

V   Lasst uns beten: Leben bist du Gott, nichts als Leben. Ich bin schwanger, bin voll Leben, vom Leben schwer. Wie schön ist es, das Leben zu spüren und zu liebkosen. Wie schön, ein Haus zu sein für das Leben. Behüte dieses Leben – in mir – durch mich. Mit allen Sinnen will ich dem Leben zugewandt sein. Segne mich und alle, die das Gewicht des Lebens tragen.
(Segensgebet von Anton Rotzetter: Begleitet, 37)

oder

V   Lasst uns beten: Gott des Lebens, du hast alles erschaffen was ist. Du erfüllst alles was atmet mit Leben. An deiner Schöpfungskraft lässt du uns Anteil haben durch Zeugung und Schwangerschaft. Alles Leben ist geborgen in deiner Hand. So schenke diesen Eltern das Glück gesunder Kinder. Darum bitten wir durch Christus, unseren Herrn.

Segen

Körperliche Berührungen sind nicht allen Menschen angenehm, insbesondere wenn sie überraschend erfolgen. Auch ist die Segensgeste der Handauflegung nicht allen Menschen geläufig. Daher ist es sinnvoll, die Handauflegung zuvor anzukündigen.

V   Ich werde Ihnen nun zum Segen die Hände auf den Kopf legen und für Sie und Ihr Kind den Segen Gottes erbitten.

Gott, der Himmel und Erde erschaffen hat, wende sich euch mit seiner ganzen Liebe zu. Er lasse euer Kind wachsen und gedeihen und führe euch zu einer glücklichen Elternschaft. Dazu segne euch der dreieinige Gott, der Vater und der Sohn und der Heilige Geist.

A   Amen.

oder

V Der allmächtige Gott geleite euch als guter Hirte auf den Pfaden seines Heils. Er schenke euch Leben in Fülle und führe euch zu einer glücklichen Geburt eines gesunden Kindes. Dazu segne euch der dreieinige Gott, der Vater und der Sohn und der Heilige Geist.
A Amen.

Fürbitten
V Mit der Schwangerschaft erfahren die Eltern das Wachsen von neuem Leben. Voll Vertrauen bitten wir Gott für diese Eltern:
L Nicht immer ist eine Schwangerschaft gewollt. Gib, dass Vater und Mutter das Kind ohne Vorbehalte annehmen.
A Wir bitten dich, erhöre uns.
L Nicht immer ist es für die Eltern einfach, schwanger zu werden. Gib, dass ihr schwerer Weg von Leben erfüllt ist.
A Wir bitten dich, erhöre uns.
L Nicht immer verläuft eine Schwangerschaft ohne Probleme. Gib, dass die Eltern zur gegebenen Zeit ein gesundes Kind in ihren Armen halten können.
A Wir bitten dich, erhöre uns.
L Nicht immer verläuft das Leben ohne Sorgen. Gib, dass die Eltern schon in den Tagen der Schwangerschaft ihrem Kind Hoffnung vermitteln können.
A Wir bitten dich, erhöre uns.
L Nicht immer ist der Blick in die Zukunft frei von Ängsten. Gib, dass die Eltern ihrem Kind ungetrübtes Vertrauen schenken können.
A Wir bitten dich, erhöre uns.
L Nicht immer ist Glauben einfach. Gib, dass die Eltern einen festen Glauben an ihre Kinder weitergeben können.
A Wir bitten dich, erhöre uns.
V Guter Gott, begleite die Eltern durch die Schwangerschaft. Halte alles Schädliche von Eltern und Kind fern. Lasse sie diese Tage der Schwangerschaft als eine Zeit des Glücks erfahren und schenke ihnen zu gegebener Zeit ein gesundes Kind. Darum bitten wir durch Christus, unseren Herrn.
A Amen.

Schlusssegen

V Die Bibel ist auch ein Segensbuch. Zahlreiche Segensgebete sind in ihr enthalten. Einige von ihnen haben Eingang in die Liturgie gefunden. Eines von ihnen ist der sogenannte aaronitische Segen. Darin heißt es, dass Gott die Israeliten segnen möge, Ihnen Gutes zusprechen möge. Weiter heißt es dort, dass Gott sie behüten möge. Damit wird der Schutz Gottes erbeten. Auch heißt es dort, dass Gott sein Angesicht erheben und sie ansehen möge. Damit gibt er ihnen Ansehen. Das ist mehr als nur ein Wortspiel.

So erbitten wir nun den Segen Gottes für Sie alle. Der Herr segne euch und behüte euch. Der Herr lasse sein Angesicht über euch leuchten und sei euch gnädig. Er erhebe sein Angesicht auf euch und schenke euch Frieden und Heil. Das gewähre euch der allmächtige Gott, der Vater und der Sohn und der Heilige Geist.

A Amen.

oder

V So erbitten wir nun den Segen Gottes für Sie alle. Der Herr segne und behüte euch und euer Kind. Er lasse eure Schwangerschaft problemlos verlaufen und als eine schöne Zeit genießen. Er erfreue euch mit einer glücklichen Geburt und schenke euch ein gesundes Kind. Das gewähre euch der allmächtige Gott, der Vater und der Sohn und der Heilige Geist.

A Amen.

Trauerfeiern

Allgemeine Form

Eröffnung
V Im Namen des Vaters und des Sohnes und des Heiligen Geistes.
A Amen.
V Der Vater des Erbarmens und der Gott allen Trostes sei mit euch.
A Und mit deinem Geiste.
V Liebe Familie X., liebe Trauernden, der Tod von N. erfüllt Sie mit grenzenlosem Schmerz. Alle hier Anwesenden nehmen Anteil an Ihrer Trauer. Nun müssen wir N. für immer loslassen.

Klagerufe
V Wir bringen unsere Fragen und Klagen vor Gott. Dabei wiederholen Sie jeweils den Satz: „Sag uns warum!"

Warum konnte der Tod von N. nicht verhindert werden?
Sag uns warum!
A Sag uns warum!
V Warum durfte N. nicht leben wie wir? Sag uns warum!
A Sag uns warum!
V Warum? Sag uns warum!
A Sag uns warum!
V Der angefragte Gott erbarme sich Ihrer. Er gebe Ihnen Kraft, das zu tragen, was keiner tragen will, und wandle Ihre Klagen in Segen – für Sie und ihr Kind. Darum bitten wir durch Christus, unseren Herrn.
A Amen.

Kyrierufe
V Als Christen leben wir aus dem Glauben, dass der Tod nicht das Ende, sondern die Tür zum Leben bei Gott ist. Dieser Glaube tröstet uns. So rufen wir voll Vertrauen:

Herr Jesus Christus, du hast uns den Weg zum Vater gezeigt.
Herr, erbarme dich (unser).
A Herr, erbarme dich (unser).
V Du hast durch deinen Tod der Welt das Leben geschenkt.
Christus, erbarme dich (unser).
A Christus, erbarme dich (unser).

V Du hast uns im Hause deines Vaters eine Wohnung bereitet.
   Herr, erbarme dich (unser).
A Herr, erbarme dich (unser).
V Der barmherzige Gott erbarme sich unser, er begleite uns durch unsere Trauer und führe uns dereinst wieder zusammen in seinem Reich. Darum bitten wir durch Christus, unseren Herrn.
A Amen.

Gebet
V Herr, unser Gott,
   mit großer Trauer stehen wir vor dir. Die Eltern von N. wollten Liebe verschenken, nun haben sie Abschied zu nehmen. Sie wollen N. heranwachsen sehen, nun haben sie *ihn/sie* zu bestatten. Stehe allen Trauernden mit deiner Liebe bei und tröste sie. Darum bitten wir durch Jesus Christus, unseren Herrn.
A Amen.

Schriftlesung
V Kann denn eine Frau ihr Kindlein vergessen, eine Mutter ihren leiblichen Sohn? Und selbst wenn sie ihn vergessen würde: Ich vergesse dich nicht. *(Jes 49,15)*

V In Stille gedenken wir nun *des/der* verstorbenen N., mit *dem/der* wir uns über den Tod hinaus verbunden wissen.

   Stille

Segnung des Sarges
V Herr, unser Gott,
   den Leib von N. hätten die Eltern gerne im Arm. Nun stehen wir vor dem Sarg, der *seinen/ihren* Leichnam enthält. Wir müssen hergeben, was wir gerne festgehalten hätten. Wir entlassen N. nicht in ein Nichts, sondern empfehlen *ihn/sie* deiner Liebe an. So bitten wir dich: Segne N. und lasse *ihm/ihr* all die Liebe zukommen, die die Eltern *ihm/ihr* gerne selbst gegeben hätten. Darum bitten wir durch Christus, unseren Herrn.
A Amen.

Der Sarg kann nun mit Weihwasser besprengt werden.

Fürbitten

V Unser Gott ist kein Gott der Toten, sondern der Lebenden. Daher kommen wir voller Vertrauen mit unseren Bitten zu ihm:

L Der Tod von N. stürzt uns in tiefe Trauer. Herr, stehe allen Trauernden mit deiner Liebe bei.

A Wir bitten dich, erhöre uns.

L Der Tod von N. lähmt, nimmt Lebenskraft und Lebensfreude. Herr, stärke alle Trauernde mit deiner Gegenwart.

A Wir bitten dich, erhöre uns.

L Der Tod von N. raubt Lebenssinn. Herr, schenke allen Trauernden wieder Lebensmut.

A Wir bitten dich, erhöre uns.

L Der Tod von N. lähmt und drückt nieder. Herr, richte alle Trauernden auf und führe sie zu einem Leben in Fülle.

A Wir bitten dich, erhöre uns.

L Trauer ist kein Zustand des Augenblicks, sondern ein lebenslanger Prozess. Herr, begleite alle Trauernden durch das finstere Tal der Trauer.

A Wir bitten dich, erhöre uns.

L N. ist gestorben. Herr, lasse *ihn/sie* teilhaben an deiner himmlischen Herrlichkeit.

A Wir bitten dich, erhöre uns.

V Gott, unser Vater, du bist der Herr des Lebens. Du willst, dass wir alle leben. Dies gibt uns Kraft und Trost in dem Glauben, dass wir uns alle bei dir wiedersehen dürfen. Dir vertrauen wir, der du lebst und herrschst in alle Ewigkeit.

A Amen.

Ritus und Verabschiedung siehe S. 71f.

Wenn ein Kind tot geboren wurde

Eröffnung
V Im Namen des Vaters und des Sohnes und des Heiligen Geistes.
A Amen.
V Der Vater des Erbarmens und der Gott allen Trostes sei mit euch.
A Und mit deinem Geiste.
V Liebe Familie *X.*, bereits während der Schwangerschaft ist Ihr Kind *N.* gestorben. *Sein/Ihr* Tod erfüllt Sie mit grenzenlosem Schmerz. Alle hier Anwesenden nehmen Anteil an Ihrer Trauer. Nun müssen wir *N.* für immer loslassen.

Klagerufe
V Wir bringen unsere Fragen und Klagen vor Gott. Dabei wiederholen Sie jeweils den Satz: „Sag uns warum!"

Warum konnte der Tod von *N.* nicht verhindert werden?
Sag uns warum!
A Sag uns warum!
V Warum durfte *N.* nicht leben wie wir? Sag uns warum!
A Sag uns warum!
V Warum? Sag uns warum!
A Sag uns warum!
V Der angefragte Gott erbarme sich Ihrer. Er gebe Ihnen Kraft, das zu tragen, was keiner tragen will, und wandle Ihre Klagen in Segen – für Sie und ihr Kind. Darum bitten wir durch Christus, unseren Herrn.
A Amen.

Kyrierufe
V Als Christen leben wir aus dem Glauben, dass der Tod die Tür zum Leben bei Gott ist. Dieser Glaube tröstet uns. So rufen wir voll Vertrauen zu Gott:

Herr Jesus Christus, du hast uns den Weg zum Vater gezeigt.
Herr, erbarme dich (unser).
A Herr, erbarme dich (unser).
V Du hast durch deinen Tod der Welt das Leben geschenkt.
Christus, erbarme dich (unser).
A Christus, erbarme dich (unser).

V Du hast uns im Hause deines Vaters eine Wohnung bereitet.
   Herr, erbarme dich (unser).
A Herr, erbarme dich (unser).
V Der barmherzige Gott erbarme sich unser, er begleite uns durch unsere Trauer und führe uns dereinst wieder zusammen in seinem Reich. Darum bitten wir durch Christus, unseren Herrn.
A Amen.

Gebet
V Lasst uns beten: Herr, unser Gott, mit großer Trauer stehen wir vor dir. Die Eltern von N. wollten Liebe verschenken, nun müssen sie Abschied nehmen. Sie wollten N. heranwachsen sehen, nun müssen sie *ihn/sie* bestatten. Stehe allen Trauernden mit deiner Liebe bei und tröste sie. Darum bitten wir durch Jesus Christus, unseren Herrn.
A Amen.

Schriftlesung
V Kann denn eine Frau ihr Kindlein vergessen, eine Mutter ihren leiblichen Sohn? Und selbst wenn sie ihn vergessen würde: Ich vergesse dich nicht. *(Jes 49,15)*

In Stille gedenken wir nun *des/der* verstorbenen N., mit *dem/der* wir uns über den Tod hinaus verbunden wissen.

Segnung des Sarges
V Lasst uns beten: Herr, unser Gott, den Leib von N. hätten die Eltern gerne im Arm. Nun stehen wir vor dem Sarg, der *seinen/ihren* Leichnam enthält. Wir müssen hergeben, was wir gerne festgehalten hätten. Wir entlassen N. nicht in ein Nichts, sondern empfehlen *ihn/sie* deiner Liebe an. So bitten wir dich: Segne N. und lasse *ihm/ihr* all die Liebe zukommen, die *ihm/ihr* die Eltern gerne selbst gegeben hätten. Darum bitten wir durch Christus, unseren Herrn.
A Amen.

Der Sarg kann nun mit Weihwasser besprengt werden.

Fürbitten

V Eine Taufe sollte gefeiert, nun ist es eine Trauerfeier. Doch unser Gott ist kein Gott der Toten, sondern der Lebenden. Daher kommen wir voller Vertrauen mit unseren Bitten zu ihm:

L Der Tod von N. stürzt uns in tiefe Trauer. Herr, stehe allen Trauernden mit deiner Liebe bei.

A Wir bitten dich, erhöre uns.

L Der Tod von N. lähmt, nimmt Lebenskraft und Lebensfreude. Herr, stärke alle Trauernden mit deiner Gegenwart.

A Wir bitten dich, erhöre uns.

L Der Tod von N. raubt Lebenssinn. Herr, schenke allen Trauernden wieder Lebensmut.

A Wir bitten dich, erhöre uns.

L Der Tod von N. lähmt und drückt nieder. Herr, richte alle Trauernden auf und führe sie einem Leben in Fülle zu.

A Wir bitten dich, erhöre uns.

L Trauer ist kein Zustand des Augenblicks, sondern ein lebenslanger Prozess. Herr, begleite alle Trauernden durch das finstere Tal der Trauer.

A Wir bitten dich, erhöre uns.

L Am Taufbecken wollten wir stehen, nicht am Grab. Herr, lasse N. teilhaben an deiner himmlischen Herrlichkeit.

A Wir bitten dich, erhöre uns.

V Gott, unser Vater, du bist der Herr des Lebens. Du willst, dass wir alle leben. Dies gibt uns Kraft und Trost in dem Glauben, dass wir uns alle bei dir wieder sehen dürfen. Dir vertrauen wir, der du lebst und herrschst in alle Ewigkeit.

A Amen.

Ritus und Verabschiedung siehe S. 71f.

Bei plötzlichem Tod des Kindes

Eröffnung
V Im Namen des Vaters und des Sohnes und des Heiligen Geistes.
A Amen.
V Der Vater des Erbarmens und der Gott allen Trostes sei mit euch.
A Und mit deinem Geiste.

V Liebe Familie X., Sie haben sich Ihre Zukunft mit N. in den schillerndsten Farben ausgemalt. Dann plötzlich ist dieser Traum wie eine Seifenblase zerplatzt. Der plötzliche Tod von N. macht Sie fassungslos. Sie können nicht verstehen, was geschehen ist. Doch der Tod von N. ist unabwendbare Realität. Er erfüllt Sie mit grenzenlosem Schmerz. Alle hier Anwesenden nehmen Anteil an Ihrer Trauer. Nun müssen wir N. für immer loslassen.

Klagerufe
V Wir bringen unsere Fragen und Klagen vor Gott. Dabei wiederholen Sie jeweils den Satz: „Sag uns warum!"

   Warum konnte der Tod von N. nicht verhindert werden?
   Sag uns warum!
A Sag uns warum!
V Warum durfte N. nicht leben wie wir? Sag uns warum!
A Sag uns warum!
V Warum? Sag uns warum!
A Sag uns warum!
V Der angefragte Gott erbarme sich Ihrer. Er gebe Ihnen Kraft, das zu tragen, was keiner tragen will, und wandle Ihre Klagen in Segen – für Sie und ihr Kind. Darum bitten wir durch Christus, unseren Herrn.
A Amen.

Kyrierufe
V Als Christen leben wir aus dem Glauben, dass der Tod nicht das Ende ist, sondern die Tür zum Leben bei Gott. Dieser Glaube tröstet uns. So rufen wir voll Vertrauen:

Herr Jesus Christus, du hast uns den Weg zum Vater gezeigt.
Herr, erbarme dich (unser).
A Herr, erbarme dich (unser).
V Du hast durch deinen Tod der Welt das Leben geschenkt.
Christus, erbarme dich (unser).
A Christus, erbarme dich (unser).
V Du hast uns im Hause deines Vaters eine Wohnung bereitet.
Herr, erbarme dich (unser).
A Herr, erbarme dich (unser).
V Der barmherzige Gott erbarme sich unser, er begleite uns durch unsere Trauer und führe uns dereinst wieder zusammen in seinem Reich. Darum bitten wir durch Christus, unseren Herrn.
A Amen.

Gebet
V Herr, unser Gott,
mit großer Trauer stehen wir vor dir. Die Eltern von N. wollten Liebe verschenken, nun müssen sie Abschied nehmen. Sie wollten N. heranwachsen sehen, nun müssen sie *ihn/sie* bestatten. Stehe allen Trauernden mit deiner Liebe bei. Begleite und stärke sie auf ihrem schweren Weg. Darum bitten wir durch Jesus Christus, unseren Herrn.
A Amen.

Schriftlesung
V Kann denn eine Frau ihr Kindlein vergessen, eine Mutter ihren leiblichen Sohn? Und selbst wenn sie ihn vergessen würde: Ich vergesse dich nicht. *(Jes 49,15)*

V In Stille gedenken wir nun *des/der* verstorbenen N., mit *dem/der* wir uns über den Tod hinaus verbunden wissen.

Segnung des Sarges
V Herr, unser Gott,
N. ist plötzlich gestorben. Mit *ihm/ihr* starb den Eltern auch ein Stück Zukunft. Sie müssen hergeben, was sie gerne festgehalten hätten. Wir entlassen N. nicht in ein Nichts, sondern empfehlen *ihn/sie* deiner Liebe an. So bitten wir dich: Segne N. und lasse *ihm/ihr* all die Liebe zukommen, die *ihm/ihr* die Eltern gerne selbst gegeben hätten. Darum bitten wir durch Christus, unseren Herrn.
A Amen.

Der Sarg kann nun mit Weihwasser besprengt werden.

Fürbitten

V Unser Gott ist kein Gott der Toten, sondern der Lebenden. Daher kommen wir voller Vertrauen mit unseren Bitten zu ihm:

L Der plötzliche Tod von N. stürzt uns in tiefe Trauer. Herr, stehe allen Trauernden mit deiner Liebe bei.

A Wir bitten dich, erhöre uns.

L Der plötzliche Tod von N. nimmt Lebenskraft und Lebensfreude. Herr, stärke alle Trauernden mit deiner Gegenwart.

A Wir bitten dich, erhöre uns.

L Der plötzliche Tod von N. raubt Lebenssinn. Herr, schenke allen Trauernden wieder Lebensmut.

A Wir bitten dich, erhöre uns.

L Der plötzliche Tod von N. lähmt und drückt nieder. Herr, richte alle Trauernden auf und führe sie zu einem Leben in Fülle.

A Wir bitten dich, erhöre uns.

L Trauer ist kein Zustand des Augenblicks, sondern ein lebenslanger Prozess. Herr, begleite alle Trauernden auf diesem schweren Weg.

A Wir bitten dich, erhöre uns.

L N. ist gestorben. Herr, lasse *ihn/sie* teilhaben an deiner himmlischen Herrlichkeit.

A Wir bitten dich, erhöre uns.

V Du bist der Herr des Lebens. Du willst, dass wir alle leben. Dies gibt uns Kraft und Trost in dem Glauben, dass wir uns alle bei dir wiedersehen dürfen. Dir vertrauen wir, der du lebst und herrschst in alle Ewigkeit.

A Amen.

Ritus und Verabschiedung siehe S. 71f.

Nach einem Schwangerschaftsabbruch

Eröffnung
V Im Namen des Vaters und des Sohnes und des Heiligen Geistes.
A Amen.
V Der Vater des Erbarmens und der Gott allen Trostes sei mit euch.
A Und mit deinem Geiste.

V Liebe Familie X., Sie haben sich Ihre Zukunft mit N. in den schillerndsten Farben ausgemalt. Dann plötzlich ist dieser Traum wie eine Seifenblase zerplatzt. Bereits während der Schwangerschaft wurde bei Ihrem Kind eine schwere Krankheit festgestellt. In Ihrer Sorge um das Wohl des Kindes haben Sie sich für einen Schwangerschaftsabbruch entschieden. Für Außenstehende ist es leicht zu sagen, dass es die falsche Wahl war. Wissen sie doch nicht, wie schwer Ihnen diese Entscheidung gefallen ist. Sie können nicht ermessen, wie gerne Sie es anders gehabt hätten, wie glücklich Sie wären, nicht vor dieser schweren Wahl gestellt worden zu sein. Der Tod von N. erfüllt Sie mit grenzenlosem Schmerz. Alle hier Anwesenden nehmen Anteil an Ihrer Trauer. Nun müssen wir N. für immer loslassen.

Klagerufe
V Die schwere Erkrankung von N. wirft viele Fragen auf, mit denen wir uns vertrauensvoll an Gott wenden. Dabei wiederholen Sie jeweils den Satz: „Sag uns warum!"

  Warum konnte N. nicht gesund heranwachsen? Sag uns warum!
A Sag uns warum!
V Warum durfte N. nicht leben wie wir? Sag uns warum!
A Sag uns warum!
V Warum? Sag uns warum!
A Sag uns warum!
V Der angefragte Gott erbarme sich Ihrer. Er gebe Ihnen Kraft, das zu tragen, was keiner tragen will, und wandle Ihre Fragen in Segen – für Sie und ihr Kind. Darum bitten wir durch Christus, unseren Herrn.
A Amen.

Kyrierufe

V Der Tod von *N.* erfüllt Sie mit grenzenlosem Schmerz. Mit diesem kommen wir vertrauensvoll zu Gott und rufen ihn um sein Erbarmen an.

Herr Jesus Christus, du hast keinen Menschen abgewiesen oder verurteilt. So nimm auch uns an in unserer Not.
Herr, erbarme dich (unser).
A Herr, erbarme dich (unser).
V Du hast mit den Sündern Mahl gehalten. So begleite auch uns auf unserem Lebensweg.
Christus, erbarme dich (unser).
A Christus, erbarme dich (unser).
V Du hast uns im Hause deines Vaters eine Wohnung bereitet. So nimm auch *N.* auf in deine himmlische Herrlichkeit.
Herr, erbarme dich (unser).
A Herr, erbarme dich (unser).
V Der barmherzige Gott erbarme sich unser, er begleite uns durch diese schwere Zeit und führe uns dereinst wieder zusammen in seinem Reich. Darum bitten wir durch Christus, unseren Herrn.
A Amen.

Gebet

V Herr, unser Gott,
mit großer Trauer stehen wir vor dir. Die Eltern von *N.* wollten Liebe verschenken, nun müssen sie Abschied nehmen. Sie wollten *N.* heranwachsen sehen, nun müssen sie *ihn/sie* bestatten. Stehe allen Trauernden mit deiner Liebe bei. Begleite und stärke sie auf ihrem schweren Weg. Darum bitten wir durch Jesus Christus, unseren Herrn.
A Amen.

Schriftlesung

V Kann denn eine Frau ihr Kindlein vergessen, eine Mutter ihren leiblichen Sohn? Und selbst wenn sie ihn vergessen würde: Ich vergesse dich nicht. *(Jes 49,15)*

oder

Was kann uns scheiden von der Liebe Christi? Bedrängnis oder Not oder Verfolgung, Hunger oder Kälte, Gefahr oder Schwert? Weder Tod noch Leben, weder Engel noch Mächte, weder Gegenwärtiges noch Zukünftiges, weder Gewalten der Höhe oder Tiefe noch irgendeine andere Kreatur können uns scheiden von der Liebe Gottes, die in Christus Jesus ist, unserem Herrn. *(Röm 8,35.38f)*

V In Stille gedenken wir nun *des/der* verstorbenen N., mit *dem/der* wir uns über den Tod hinaus verbunden wissen.

Segnung des Sarges
V Herr, unser Gott,
N. liegt in diesem Sarg vor uns. Mit *ihm/ihr* starb den Eltern auch ein Stück Zukunft. Wir entlassen N. nicht in ein Nichts, sondern empfehlen *ihn/sie* deiner Liebe an. So bitten wir dich: Segne N. und lasse *ihm/ihr* all die Liebe zukommen, die *ihm/ihr* die Eltern gerne selbst gegeben hätten. Darum bitten wir durch Christus, unseren Herrn.
A Amen.

Der Sarg kann nun mit Weihwasser besprengt werden.

Fürbitten
V Liebe Familie X., als Christen leben wir aus der Hoffnung, dass der Tod nicht das Ende unseres Lebens ist, sondern der Beginn eines neuen Lebens. Dieser Glaube tröstet uns. Daher wenden wir uns im vertrauensvollen Gebet aus der Kraft unseres gemeinsamen Glaubens an Gott und bitten ihn:
L Hilf Familie X. zu unterscheiden zwischen der Schuld, die du ihnen vergibst, und der Erinnerung, die sie vor weiteren Fehlern zu bewahren versucht.
A Wir bitten dich, erhöre uns.
L Begleite Familie X. auf ihrem schweren Weg durch verständnisvolle Menschen, die sie annehmen, wie du sie annimmst.
A Wir bitten dich, erhöre uns.
L Segne ihre Tränen, die sie um N. weinen, durch Menschen, die mit ihnen um N. trauern.
A Wir bitten dich, erhöre uns.
L Segne N., *den/die* Familie X. so gerne angenommen hätten, nun aber voller Vertrauen an dich zurückgeben.
A Wir bitten dich, erhöre uns.
L Vereine uns alle dereinst mit N. in deinem Reich beim Fest der großen Freude.
A Wir bitten dich, erhöre uns.
V Mit großem Vertrauen kommen wir zu dir, o Gott. Erhöre unsere Bitten, der du lebst und herrschst in alle Ewigkeit.
A Amen.

Ritus und Verabschiedung siehe S. 71f.

Wenn das Kind nach langem Bangen verstarb

Eröffnung
V Im Namen des Vaters und des Sohnes und des Heiligen Geistes.
A Amen.
V Der Vater des Erbarmens und der Gott allen Trostes sei mit euch.
A Und mit deinem Geiste.
V Liebe Familie *X.*(, liebe Trauernde), nach langem Bangen und Mühen ist *N.* gestorben. *Sein/Ihr* Tod erfüllt Sie mit grenzenlosem Schmerz. Alle hier Anwesenden nehmen Anteil an Ihrer Trauer. Nun müssen wir *N.* für immer loslassen.

Klagerufe
V Wir bringen unsere Fragen und Klagen vor Gott. Dabei wiederholen Sie jeweils den Satz: „Sag uns warum!"

Warum konnte der Tod von *N.* nicht verhindert werden?
Sag uns warum!
A Sag uns warum!
V Warum durfte *N.* nicht leben wie wir? Sag uns warum!
A Sag uns warum!
V Warum? Sag uns warum!
A Sag uns warum!
V Der angefragte Gott erbarme sich Ihrer. Er gebe Ihnen Kraft, das zu tragen, was keiner tragen will, und wandle Ihre Klagen in Segen – für Sie und ihr Kind. Darum bitten wir durch Christus, unseren Herrn.
A Amen.

Kyrierufe
V Als Christen leben wir aus dem Glauben, dass der Tod nicht das Ende ist, sondern die Tür zum Leben bei Gott. Dieser Glaube tröstet uns. So rufen wir voll Vertrauen:
V Herr Jesus Christus, du hast uns den Weg zum Vater gezeigt.
   Herr, erbarme dich (unser).
A Herr, erbarme dich (unser).
V Du hast durch deinen Tod der Welt das Leben geschenkt.
   Christus, erbarme dich (unser).
A Christus, erbarme dich (unser).

V Du hast uns im Hause deines Vaters eine Wohnung bereitet.
   Herr, erbarme dich (unser).
A Herr, erbarme dich (unser).
V Der barmherzige Gott erbarme sich unser, er begleite uns durch unsere Trauer und führe uns dereinst wieder zusammen in seinem Reich. Darum bitten wir durch Christus, unseren Herrn.
A Amen.

Gebet
V Herr, unser Gott,
   mit großer Trauer stehen wir vor dir. Die Eltern von N. wollten Liebe verschenken, nun müssen sie Abschied nehmen. Sie wollten N. heranwachsen sehen, nun müssen sie *ihn/sie* bestatten. Stehe allen Trauernden mit deiner Liebe bei und tröste sie. Darum bitten wir durch Jesus Christus, unseren Herrn.
A Amen.

Schriftlesung
V Kann denn eine Frau ihr Kindlein vergessen, eine Mutter ihren leiblichen Sohn? Und selbst wenn sie ihn vergessen würde: Ich vergesse dich nicht. *(Jes 49,15)*

V In Stille gedenken wir nun *des/der* verstorbenen N., mit *dem/der* wir uns über den Tod hinaus verbunden wissen.

Segnung des Sarges
V Herr, unser Gott,
   den Leib von N. hätten die Eltern gerne im Arm. Nun stehen wir vor dem Sarg, der *seinen/ihren* Leichnam enthält. Wir müssen hergeben, was wir gerne festgehalten hätten. Wir entlassen N. nicht in ein Nichts, sondern empfehlen *ihn/sie* deiner Liebe an. So bitten wir dich: Segne N. und lasse *ihm/ihr* all die Liebe zukommen, die *ihm/ihr* die Eltern gerne selbst gegeben hätten. Darum bitten wir durch Christus, unseren Herrn.
A Amen.

Der Sarg kann nun mit Weihwasser besprengt werden.

Fürbitten

V Unser Gott ist kein Gott der Toten, sondern der Lebenden. Daher kommen wir voller Vertrauen mit unseren Bitten zu ihm:
L Der Tod von N. stürzt uns in tiefe Trauer. Herr, stehe allen Trauernden mit deiner Liebe bei.
A Wir bitten dich, erhöre uns.
L Trauer lähmt, nimmt Lebenskraft und Lebensfreude. Herr, stärke alle Trauernden mit deiner Gegenwart.
A Wir bitten dich, erhöre uns.
L Trauer kann den Lebenssinn rauben. Herr, schenke allen Trauernden wieder Lebensmut.
A Wir bitten dich, erhöre uns.
L Trauer ist kein Zustand des Augenblicks, sondern ein lebenslanger Prozess. Herr, begleite alle Trauernden durch das finstere Tal der Trauer.
A Wir bitten dich, erhöre uns.
L Trauer lähmt und drückt nieder. Herr, richte alle Trauernden auf und führe sie einem Leben in Fülle zu.
A Wir bitten dich, erhöre uns.
L N. ist gestorben. Herr, lasse *ihn/sie* teilhaben an deiner himmlischen Herrlichkeit.
A Wir bitten dich, erhöre uns.
V Du bist der Herr des Lebens. Du willst, dass wir alle leben. Dies gibt uns Kraft und Trost in dem Glauben, dass wir uns alle bei dir wiedersehen dürfen. Dir vertrauen wir, der du lebst und herrschst in alle Ewigkeit.
A Amen.

Ritus und Verabschiedung siehe S. 71f.

Wenn ein Kind tödlich verunglückte

Eröffnung
V   Im Namen des Vaters und des Sohnes und des Heiligen Geistes.
A   Amen.
V   Der Vater des Erbarmens und der Gott allen Trostes sei mit euch.
A   Und mit deinem Geiste.

V   Liebe Familie X., Sie haben sich Ihre Zukunft mit N. in den schillerndsten Farben ausgemalt. Dann plötzlich ist dieser Traum wie eine Seifenblase zerplatzt. Der plötzliche Tod von N. macht Sie fassungslos. Sie können nicht verstehen, was geschehen ist. Doch der Tod von N. ist unabwendbare Realität. Er erfüllt Sie mit grenzenlosem Schmerz. Alle hier Anwesenden nehmen Anteil an Ihrer Trauer. Nun müssen wir N. für immer loslassen.

Klagerufe
V   Unsere Fragen und Klagen bringen wir vor Gott. Dabei wiederholen Sie jeweils den Satz: „Sag uns warum!"

    Warum musste dieses Unglück mit N. geschehen? Sag uns warum!
A   Sag uns warum!
V   Warum durfte N. nicht weiterleben wie wir? Sag uns warum!
A   Sag uns warum!
V   Warum? Sag uns warum!
A   Sag uns warum!
V   Der angefragte Gott erbarme sich Ihrer. Er gebe Ihnen Kraft, das zu tragen, was keiner tragen will, und wandle Ihre Klagen in Segen – für Sie und ihr Kind. Darum bitten wir durch Christus, unseren Herrn.
A   Amen.

Kyrierufe
V   Als Christen leben wir aus dem Glauben, dass der Tod nicht das Ende ist, sondern die Tür zum Leben bei Gott. Dieser Glaube tröstet uns. So rufen wir voll Vertrauen:

Herr Jesus Christus, du hast uns den Weg zum Vater gezeigt.
Herr, erbarme dich (unser).
A Herr, erbarme dich (unser).
V Du hast durch deinen Tod der Welt das Leben geschenkt.
Christus, erbarme dich (unser).
A Christus, erbarme dich (unser).
V Du hast uns im Hause deines Vaters eine Wohnung bereitet.
Herr, erbarme dich (unser).
A Herr, erbarme dich (unser).
V Der barmherzige Gott erbarme sich unser, er begleite uns durch unsere Trauer und führe uns dereinst wieder zusammen in seinem Reich. Darum bitten wir durch Christus, unseren Herrn.
A Amen.

Gebet
V Herr, unser Gott,
mit großer Trauer stehen wir vor dir. Die Eltern von N. wollten Liebe verschenken, nun müssen sie Abschied nehmen. Sie wollten N. heranwachsen sehen, nun müssen sie *ihn/sie* bestatten. Stehe allen Trauernden mit deiner Liebe bei und tröste sie. Darum bitten wir durch Jesus Christus, unseren Herrn.
A Amen.

Schriftlesung
V Kann denn eine Frau ihr Kindlein vergessen, eine Mutter ihren leiblichen Sohn? Und selbst wenn sie ihn vergessen würde: Ich vergesse dich nicht. *(Jes 49,15)*

V In Stille gedenken wir nun *des/der* verstorbenen N., mit *dem/der* wir uns über den Tod hinaus verbunden wissen.

Segnung des Sarges
V Herr, unser Gott,
den Leib von N. hätten die Eltern gerne im Arm. Nun stehen wir vor dem Sarg, der *seinen/ihren* Leichnam enthält. Wir müssen hergeben, was wir gerne festgehalten hätten. Wir entlassen N. nicht in ein Nichts, sondern empfehlen *ihn/sie* deiner Liebe an. So bitten wir dich: Segne N. und lasse *ihm/ihr* all die Liebe zukommen, die *ihm/ihr* die Eltern gerne selbst gegeben hätten. Darum bitten wir durch Christus, unseren Herrn.
A Amen.

Der Sarg kann nun mit Weihwasser besprengt werden.

Fürbitten

V Unser Gott ist kein Gott der Toten, sondern der Lebenden. Daher kommen wir voller Vertrauen mit unseren Bitten zu ihm:
L Der Tod von N. stürzt uns in tiefe Trauer. Herr, stehe allen Trauernden mit deiner Liebe bei.
A Wir bitten dich, erhöre uns.
L Trauer lähmt, nimmt Lebenskraft und Lebensfreude. Herr, stärke alle Trauernden mit deiner Gegenwart.
A Wir bitten dich, erhöre uns.
L Trauer kann den Lebenssinn rauben. Herr, schenke allen Trauernden wieder Lebensmut.
A Wir bitten dich, erhöre uns.
L Trauer ist kein Zustand des Augenblicks, sondern ein lebenslanger Prozess. Herr, begleite alle Trauernden durch das finstere Tal der Trauer.
A Wir bitten dich, erhöre uns.
L Trauer lähmt und drückt nieder. Herr, richte alle Trauernden auf und führe sie einem Leben in Fülle zu.
A Wir bitten dich, erhöre uns.
L N. ist tödlich verunglückt. Herr, lasse *ihn/sie* teilhaben an deiner himmlischen Herrlichkeit.
A Wir bitten dich, erhöre uns.
V Du bist der Herr des Lebens. Du willst, dass wir alle leben. Dies gibt uns Kraft und Trost in dem Glauben, dass wir uns alle bei dir wiedersehen dürfen. Dir vertrauen wir, der du lebst und herrschst in alle Ewigkeit.
A Amen.

Ritus und Verabschiedung siehe S. 71f.

Wenn ein Kind Suizid beging

Eröffnung
V Im Namen des Vaters und des Sohnes und des Heiligen Geistes.
A Amen.
V Der Vater des Erbarmens und der Gott allen Trostes sei mit euch.
A Und mit deinem Geiste.
V Liebe Familie X., liebe Trauernde, N. ist selbst aus dem Leben geschieden. *Sein/Ihr* Tod erfüllt Sie mit grenzenlosem Schmerz. Alle hier Anwesenden nehmen Anteil an Ihrer Trauer. Der Tod von N. wirft viele Fragen auf. Vieles ist für uns unverständlich. Betroffen stehen wir hier an *seinem/ihrem* Sarg. Wir müssen davon ausgehen, dass *seine/ihre* seelische Not sehr groß gewesen ist, größer als der Lebenswille. Die Worte, dass wir nicht tiefer fallen können als in die Hände Gottes, haben gerade hier ihre Bedeutung. Daher beten wir für N. und empfehlen *ihn/sie* Gott an.

Klagerufe
V Unsere Fragen und Klagen bringen wir vor Gott. Dabei wiederholen Sie jeweils den Satz: „Sag uns warum!"

   Warum war N.s Sehnsucht nach dem Tod größer als nach dem Leben? Sag uns warum!
A Sag uns warum!
V Warum konnte sich N. niemandem hilfesuchend anvertrauen? Sag uns warum!
A Sag uns warum!
V Warum? Sag uns warum!
A Sag uns warum!
V Der angefragte Gott erbarme sich Ihrer. Er gebe Ihnen Kraft, das zu tragen, was keiner tragen will, und wandle Ihre Fragen in Segen – für Sie und N. Darum bitten wir durch Christus, unseren Herrn.
A Amen.

Kyrierufe
V Als Christen leben wir aus dem Glauben, dass uns nichts von der Liebe Christi scheiden kann. Dieser Glaube tröstet uns. So rufen wir voll Vertrauen:

Herr Jesus Christus, du hast keinen abgewiesen, der sich vertrauensvoll an dich gewandt hat.
Herr, erbarme dich (unser).
A Herr, erbarme dich (unser).
V Du hast alle Menschen verstanden, auch wenn es für andere Menschen unverständlich war.
Christus, erbarme dich (unser).
A Christus, erbarme dich (unser).
V Du hast uns im Hause deines Vaters eine Wohnung bereitet.
Herr, erbarme dich (unser).
A Herr, erbarme dich (unser).
V Der barmherzige Gott erbarme sich unser, er begleite uns durch unsere Trauer und führe uns dereinst wieder zusammen in seinem Reich. Darum bitten wir durch Christus, unseren Herrn.
A Amen.

Gebet
V Herr, unser Gott,
mit großer Betroffenheit stehen wir vor dir. Die Ohnmacht lähmt unser Handeln. Die Gedanken kreisen um Selbstvorwürfe. Nimm von uns alle Selbstbeschuldigungen. Stehe allen Trauernden mit deiner Liebe bei und führe sie wieder ganz dem Leben zu. Darum bitten wir durch Jesus Christus, unseren Herrn.
A Amen.

Schriftlesung
V Kann denn eine Frau ihr Kindlein vergessen, eine Mutter ihren leiblichen Sohn? Und selbst wenn sie ihn vergessen würde: Ich vergesse dich nicht. *(Jes 49,15)*

oder

Was kann uns scheiden von der Liebe Christi? Bedrängnis oder Not oder Verfolgung, Hunger oder Kälte, Gefahr oder Schwert? Weder Tod noch Leben, weder Engel noch Mächte, weder Gegenwärtiges noch Zukünftiges, weder Gewalten der Höhe oder Tiefe noch irgendeine andere Kreatur können uns scheiden von der Liebe Gottes, die in Christus Jesus ist, unserem Herrn. *(Röm 8,35.38f)*

V In Stille gedenken wir nun *des/der* verstorbenen *N.*, mit *dem/der* wir uns über den Tod hinaus verbunden wissen.

Segnung des Sarges

V Herr, unser Gott,
die Eltern von N. müssen hergeben, was sie gerne behalten hätten. Sie müssen sich von ihrem Kind trennen. Wir entlassen N. nicht in ein Nichts, sondern empfehlen *ihn/sie* deiner Liebe an. So bitten wir dich: Segne N. und lasse *ihm/ihr* all die Liebe zukommen, die *ihm/ihr* die Eltern gerne selbst gegeben hätten. Darum bitten wir durch Christus, unseren Herrn.

A Amen.

Der Sarg kann nun mit Weihwasser besprengt werden.

Fürbitten

V Unser Gott ist kein Gott der Toten, sondern der Lebenden. Daher kommen wir voller Vertrauen mit unseren Bitten zu ihm:

L Der Tod von N. stürzt uns in tiefe Trauer. Herr, stehe allen Trauernden mit deiner Liebe bei.

A Wir bitten dich, erhöre uns.

L Der Tod von N. lähmt, nimmt Lebenskraft und Lebensfreude. Herr, stärke alle Trauernden mit deiner Gegenwart.

A Wir bitten dich, erhöre uns.

L Der Tod von N. raubt Lebenssinn. Herr, schenke allen Trauernden wieder Lebensmut.

A Wir bitten dich, erhöre uns.

L Der Tod von N. lähmt und drückt nieder. Herr, richte alle Trauernden auf und führe sie einem Leben in Fülle zu.

A Wir bitten dich, erhöre uns.

L Trauer ist kein Zustand des Augenblicks, sondern ein lebenslanger Prozess. Herr, begleite alle Trauernden durch das finstere Tal der Trauer.

A Wir bitten dich, erhöre uns.

L N. ist freiwillig aus dem Leben geschieden. Herr, lasse *ihn/sie* teilhaben an deiner himmlischen Herrlichkeit.

A Wir bitten dich, erhöre uns.

V Du bist der Herr des Lebens. Du willst, dass wir alle leben. Dies gibt uns Kraft und Trost in dem Glauben, dass wir uns alle bei dir wieder sehen dürfen. Dir vertrauen wir, der du lebst und herrschst in alle Ewigkeit.

A Amen.

Ritus und Verabschiedung siehe 71f.

Ritus und Verabschiedung

Weitere Riten für Trauerfeiern siehe Anhang, S. 150ff.

Ritus mit Teelichtern
Vorbereitung: Es sind entsprechend der Teilnehmerzahl ausreichend Teelichter und die Osterkerze bereitzustellen, damit jede(r) Trauernde ein Teelicht an der Osterkerze entzünden und am Sarg abstellen kann; Regenbogenkerze für die Eltern bereitstellen.

V Der Prophet Jesaja schrieb:
„Das Volk, das im Dunkeln lebt, sieht ein helles Licht" (Jes 9,1). Dieses Licht ist für uns Jesus Christus, der von sich sprach: „Ich bin das Licht der Welt. Wer mir nachfolgt, wird nicht in der Finsternis umhergehen, sondern wird das Licht des Lebens haben." (Joh 8,12) Besonders durch seine Auferstehung brachte er uns Licht in die Finsternis des Todes. Dies feiern wir in der Osternacht, wenn wir feierlich mit der am Osterfeuer entzündeten Osterkerze einziehen und singen: „Lumen Christi" – Christus, das Licht.
So haben wir hier die Osterkerze als Sinnbild für Jesus Christus aufgestellt, dem Licht der Welt. Jeder von ihnen ist eingeladen, daran ein Teelicht zu entzünden und um Sarg und Osterkerze einen Kreis zu bilden.

V Lasst uns beten: Jesus, du Licht der Welt, erleuchte die Finsternis der Trauernden und nimm N. auf in deine himmlische Herrlichkeit. Darum bitten wir dich, Jesus Christus, das Licht der Welt.
A Amen.

Regenbogenkerze
Wenn alle Trauernden ihr Teelicht angezündet haben und im Kreis stehen:

V So groß das Leid auch sein mag, Gott hat uns nicht verlassen. So groß das Gefühl der Gottverlassenheit auch sein mag, Gott löst seinen Bund mit uns Menschen nicht auf. So lesen wir am Ende der Sintflut-Erzählung: „Meinen Bogen setze ich in die Wolken; er soll das Bundeszeichen sein zwischen mir und der Erde" (Gen 9,13).

Ich werde nun diese Regenbogenkerze an der Osterkerze anzünden und dann vor dem Sarg von N. abstellen. Dies soll ein Zeichen dafür sein, dass Gott mit uns ist, auch im größten Leid. Am Ende dieser Trauerfeier werde ich diese Regenbogenkerze Ihnen, den Eltern von N., als Zeichen der Hoffnung mitgeben.

V Lasst uns beten: Herr, unser Gott, trauernde Eltern fühlen sich von dir verlassen. Lass sie erfahren, dass du den Bund mit ihnen nicht aufgelöst hast. Darum bitten wir durch Christus, unseren Herrn.
A Amen.

Vaterunser
V Ich bitte Sie alle, das Teelicht in die rechte Hand zu nehmen und auf Schulterhöhe zu halten. Mit der linken Hand stützen Sie die rechte Hand Ihres Nachbarn. Dies soll zum Ausdruck bringen, dass Sie in Ihrer Trauer nicht allein sind und sich auch von anderen stützen lassen dürfen.

V Lasst uns beten, wie Jesus seine Jünger zu beten gelehrt hat.
A Vater unser im Himmel …

Verabschiedung
V Gütiger Gott,
in deine Hände empfehlen wir N. Wir bitten dich, nimm *ihn/sie* auf und gib *ihm/ihr* Wohnung und Heimat bei dir. Uns aber, die wir hier zurück bleiben, gib die Kraft, einander zu trösten mit der Botschaft des Glaubens, bis wir alle vereint sind bei dir. Darum bitten wir durch Christus, unseren Herrn.
A Amen.
V N., zum Paradies mögen Engel dich geleiten, die heiligen Märtyrer dich begrüßen und dich führen in die heilige Stadt Jerusalem. Die Chöre der Engel mögen dich empfangen und durch Christus, der für dich gestorben ist, soll ewiges Leben dich erfreuen.

Besondere Formen von Trauerfeiern

Trauerfeier für mehrere fehlgeborene Kinder

Vorbereitungen:
Bei Sammelbestattungen ist es angebracht, den trauernden Eltern außer Worten auch eine Handreichung mit auf ihren Trauerweg zu geben.
– Religionsübergreifend werden Engel gerne angenommen.
– Viele Trauernde Eltern wollen die Ansprache mitnehmen.
– Wird in der Trauerfeier ein Symbol benutzt (Kerze, Rose, ...), kann es den Eltern am Ende der Feier mitgegeben werden.

Eine Liste für die Eintragung der Namen der Kinder auslegen. Teelichter und eine kleine Regenbogenkerze besorgen.

Eröffnung
V Im Namen des Vaters und des Sohnes und des Heiligen Geistes.
A Amen.
V Der Vater des Erbarmens und der Gott allen Trostes sei mit euch.
A Und mit deinem Geiste.
V Wir sind hier zusammen gekommen, um Abschied zu nehmen von Ihren Kindern, die sehr früh während der Schwangerschaft gestorben sind.

V Liebe Trauernde, Sie haben sich Ihre Zukunft mit Ihren Kindern in den schillerndsten Farben ausgemalt. Sie hatten sich Ihren Kindern in Liebe zugewandt und auf sie gefreut. Doch dann ist dieser Traum plötzlich wie eine Seifenblase zerplatzt. Statt einer Taufe gibt es nun eine Bestattung. Der Tod Ihrer Kinder erfüllt Sie mit grenzenlosem Schmerz. Alle hier Anwesenden nehmen Anteil an Ihrer Trauer.

Klagerufe
V Unsere Fragen und Klagen bringen wir vor Gott. Dabei wiederholen Sie jeweils den Satz: „Sag uns warum!"

Warum konnte der Tod dieser Kinder nicht verhindert werden?
Sag uns warum!
A Sag uns warum!

V Warum durften diese Kinder nicht leben wie wir? Sag uns warum!
A Sag uns warum!
V Warum? Sag uns warum!
A Sag uns warum!
V Der angefragte Gott erbarme sich Ihrer. Er gebe Ihnen Kraft, das zu tragen, was keiner tragen will, und wandle Ihre Klagen in Segen – für Sie und Ihre Kinder. Darum bitten wir durch Christus, unseren Herrn.
A Amen.

Kyrierufe
V Als Christen leben wir aus dem Glauben, dass der Tod nicht das Ende ist, sondern die Tür zum Leben bei Gott. Dieser Glaube tröstet uns. So rufen wir voll Vertrauen:

Herr Jesus Christus, du hast uns den Weg zum Vater gezeigt.
Herr, erbarme dich (unser).
A Herr, erbarme dich (unser).
V Du hast durch deinen Tod der Welt das Leben geschenkt.
Christus, erbarme dich (unser).
A Christus, erbarme dich (unser).
V Du hast uns im Hause deines Vaters eine Wohnung bereitet.
Herr, erbarme dich (unser).
A Herr, erbarme dich (unser).
V Der barmherzige Gott erbarme sich unser, er begleite uns durch unsere Trauer und führe uns dereinst wieder zusammen in seinem Reich. Darum bitten wir durch Christus, unseren Herrn.
A Amen.

Gebet
V Herr, unser Gott,
mit großer Trauer stehen wir vor dir. Die Eltern dieser Kinder wollten Liebe verschenken, nun müssen sie Abschied nehmen. Sie wollten N. heranwachsen sehen, nun müssen sie ihre toten Leiber bestatten. Stehe allen Trauernden mit deiner Liebe bei und tröste sie. Darum bitten wir durch Jesus Christus, unseren Herrn.
A Amen.

Schriftlesung

V Kann denn eine Frau ihr Kindlein vergessen, eine Mutter ihren leiblichen Sohn? Und selbst wenn sie ihn vergessen würde: Ich vergesse dich nicht. *(Jes 49,15)*

V In Stille gedenken wir nun der verstorbenen Kinder, mit denen wir uns über den Tod hinaus verbunden wissen.

Segnung des Sarges

V Lasst uns beten: Herr, unser Gott, die Eltern hätten gerne ihre Kinder im Arm. Nun stehen wir vor dem Sarg, der ihre toten Körper enthält. Wir müssen hergeben, was wir gerne festgehalten hätten. Wir entlassen diese Kinder nicht in ein Nichts, sondern empfehlen sie deiner Liebe an. So bitten wir dich: Segne diese Kinder und lasse ihnen all die Liebe zukommen, die ihnen ihre Eltern gerne selbst gegeben hätten. Darum bitten wir durch Christus, unseren Herrn.
A Amen.

Der Sarg kann nun mit Weihwasser besprengt werden.

Ritus mit Teelichtern

V Der Prophet Jesaja schrieb:
„Das Volk, das im Dunkeln lebt, sieht ein helles Licht" (Jes 9,1). Dieses Licht ist für uns Jesus Christus, der von sich sagte: „Ich bin das Licht der Welt. Wer mir nachfolgt, wird nicht in der Finsternis umhergehen, sondern wird das Licht des Lebens haben." (Joh 8,12) Besonders durch seine Auferstehung brachte er uns Licht in die Finsternis des Todes. Dies feiern wir in der Osternacht, wenn wir feierlich mit der am Osterfeuer entzündeten Osterkerze in die Kirche einziehen und singen: „Lumen Christi" – Christus, das Licht.
So haben wir hier die Osterkerze als Sinnbild für Jesus Christus aufgestellt, das Licht der Welt. Jeder von Ihnen ist eingeladen, daran ein Teelicht zu entzünden und um Sarg und Osterkerze einen Kreis zu bilden.

V Lasst uns beten: Jesus, du Licht der Welt, erleuchte die Finsternis der Trauernden und nimm ihre verstorbenen Kinder auf in deine himmlische Herrlichkeit. Darum bitten wir dich, Jesus Christus, das Licht der Welt.

Alle Trauernden können an der Osterkerze ein Teelicht entzünden und sich in einem Kreis um den Sarg aufstellen.

Fürbitten

Vor den Fürbitten wird die Liste mit den Namen der Kinder geholt und beim Vorlesen der einzelnen Namen je ein Teelicht angezündet und beim Sarg abgestellt. Für die namentlich nicht genannten Kinder wird die Regenbogenkerze angezündet.

V Unser Gott ist kein Gott der Toten, sondern der Lebenden. Daher kommen wir voller Vertrauen mit unseren Bitten zu ihm:
L Wir trauern um diese Kinder:

Namen der Kinder vorlesen und bei jedem Namen ein Teelicht an der Osterkerze entzünden und am Sarg abstellen.

Für die nicht genannten Kinder, die auch mit in diesem Sarg liegen, entzünden wir nun eine Regenbogenkerze.

Regenbogenkerze an der Osterkerze entzünden und am Sarg abstellen.

L Der Tod dieser Kinder stürzt uns in tiefe Trauer. Herr, stehe allen Trauernden mit deiner Liebe bei.
A Wir bitten dich, erhöre uns.
L Trauer lähmt, nimmt Lebenskraft und Lebensfreude. Herr, stärke alle Trauernden mit deiner Gegenwart.
A Wir bitten dich, erhöre uns.
L Trauer kann den Lebenssinn rauben. Herr, schenke allen Trauernden wieder Lebensmut.
A Wir bitten dich, erhöre uns.
L Trauer ist kein Zustand des Augenblicks, sondern ein lebenslanger Prozess. Herr, begleite alle Trauernden durch das finstere Tal der Trauer.
A Wir bitten dich, erhöre uns.
L Trauer lähmt und drückt nieder. Herr, richte alle Trauernden auf und führe sie zu einem Leben in Fülle.
A Wir bitten dich, erhöre uns.
L Diese Kinder sind sehr früh gestorben. Herr, lasse sie teilhaben an deiner himmlischen Herrlichkeit.
A Wir bitten dich, erhöre uns.
V Du bist der Herr des Lebens. Du schenkst uns das Leben, das über den Tod hinaus reicht. Dies gibt uns Kraft und Trost in dem Glauben, dass wir uns alle bei dir wiedersehen dürfen. Dir vertrauen wir, der du lebst und herrschst in alle Ewigkeit.
A Amen.

Vaterunser-Gebet

V Wir stehen mit dem brennenden Teelicht in einem Kreis um den Sarg und nehmen so ganz bewusst Ihre Kinder ein letztes Mal in unsere Mitte.
Ich bitte Sie alle, Ihre rechte Hand auf Schulterhöhe zu halten. Mit der linken Hand stützen Sie die rechte Hand Ihres Nachbarn. Dies soll zum Ausdruck bringen, dass Sie in Ihrer Trauer nicht allein sind und sich auch von anderen stützen lassen dürfen.

V So Lasst uns beten, wie Jesus seine Jünger zu beten gelehrt hat.
A Vater unser im Himmel ...

Verabschiedung

Vor dem Sarg stehend:

V Gütiger Gott,
in deine Hände empfehlen wir diese Kinder. Nimm sie zu dir und gib ihnen Wohnung und Heimat bei dir. Uns aber, die wir hier zurück bleiben, gib die Kraft, einander zu trösten mit der Botschaft des Glaubens, bis wir alle vereint sind bei dir. Darum bitten wir durch Christus, unseren Herrn.
A Amen.
V Liebe Kinder, zum Paradies mögen Engel euch geleiten, die heiligen Märtyrer euch begrüßen und euch führen in die heilige Stadt Jerusalem. Die Chöre der Engel mögen euch empfangen und durch Christus, der für euch gestorben ist, soll ewiges Leben euch erfreuen.

Bei vielen anwesenden Kindern

Diese Trauerfeier ist speziell darauf ausgerichtet, wenn viele Kinder – Gruppen des Kindergartens oder Klassen der Grundschule – anwesend sind.

Eröffnung
V Im Namen des Vaters und des Sohnes und des Heiligen Geistes.
A Amen.
V Der Vater des Erbarmens und der Gott allen Trostes sei mit euch.
A Und mit deinem Geiste.
V Liebe Familie X., lieber Kinder, der Tod von N. erfüllt uns alle mit grenzenlosem Schmerz. Alle hier Anwesenden nehmen Anteil an Ihrer und eurer Trauer. Auch sie trauern um N. Nun nehmen wir Abschied von N., *der/die* so früh gestorben ist.
Wir beten für N. und empfehlen *ihn/sie* Gott an.

Klagerufe
V Unsere Fragen und Klagen bringen wir vor Gott. Dabei wird jeweils der Satz wiederholt: „Sag uns warum!"

V Warum konnte der Tod von N. nicht verhindert werden? Sag uns warum!
A Sag uns warum!
V Warum durfte N. nicht weiterleben wie wir? Sag uns warum!
A Sag uns warum!
V Warum? Sag uns warum!
A Sag uns warum!
V Der angefragte Gott erbarme sich eurer. Er gebe euch Kraft, den Tod von N. zu tragen und wandle eure Klagen in Segen – für euch und für N. Darum bitten wir durch Christus, unseren Herrn.
A Amen.

Kyrierufe

V Als Christen leben wir aus dem Glauben, dass der Tod nicht das Ende ist, sondern die Tür zum Leben bei Gott. Dieser Glaube tröstet uns. So rufen wir voll Vertrauen:

Herr Jesus Christus, du hast uns den Weg zum Vater gezeigt.
Herr, erbarme dich (unser).
A Herr, erbarme dich (unser).
V Du hast durch deinen Tod der Welt das Leben geschenkt.
Christus, erbarme dich (unser).
A Christus, erbarme dich (unser).
V Du hast uns im Hause deines Vaters eine Wohnung bereitet.
Herr, erbarme dich (unser).
A Herr, erbarme dich (unser).
V Der barmherzige Gott erbarme sich unser, er begleite uns durch unsere Trauer und führe uns dereinst wieder zusammen in seinem Reich. Darum bitten wir durch Christus, unseren Herrn.
A Amen.

Gebet

V Herr, unser Gott,
mit großer Trauer stehen wir vor dir. Die Eltern von N. wollten Liebe verschenken, nun müssen sie Abschied nehmen. Ihr Kinder wolltet zusammen mit N. heranwachsen, nun müssen wir *ihn/sie* zu bestatten. Gott, stehe allen Trauernden mit deiner Liebe bei und tröste sie. Darum bitten wir durch Jesus Christus, unseren Herrn.
A Amen.

Schriftlesung

V Kann denn eine Frau ihr Kindlein vergessen, eine Mutter ihren leiblichen Sohn? Und selbst wenn sie ihn vergessen würde: Ich vergesse dich nicht. *(Jes 49,15)*

V Liebe Kinder, Gott sichert uns zu: Wenn auf der Erde niemand mehr an N. denkt, weil zum Beispiel alle Menschen gestorben sind, die N. kannten, dann wird Gott noch immer an N. denken. Gott vergisst keinen Menschen, weder N. noch uns, die wir um N. trauern.

oder

Der König von Jerusalem
In einem weit entfernten Land lebt ein König, der alle Menschen und Tiere liebt. Er hat ein sehr großes Land und ist daher auch sehr reich. Täglich feiert er mit allen Menschen und Tieren seines Landes ein großes Fest. Da gibt es die leckersten Speisen und die feinsten Getränke. Mensch und Tier freuen sich am Ende jeden Tages auf das Fest am kommenden Tag. Sie sind auch gespannt, wen der König für den nächsten Tag aus den Ländern der Erde zu sich einlädt. Die neuen Gäste – ob alt oder jung – dürfen am ersten Tag am Tisch des Königs sitzen und mit ihm reden. Der König lädt alle Menschen und Tiere der Erde zu diesem Fest ein. Die einen Menschen bekommen diese Einladung schon als kleines Kind. Andere Menschen bekommen diese Einladung erst im hohen Alter. Niemand wird ausgelassen. Wenn jemand die Einladung zu diesem Fest bekommt, folgt er ihr sofort. Weil es bei dem lieben König so schön ist, will kein Mensch und kein Tier wieder in sein Land zurück. Sie wissen, alle anderen Menschen und Tiere, die sie hier zurückgelassen haben, kommen irgendwann nach. Dann können alle zusammen an diesem großen Fest gemeinsam feiern. Darauf freuen sich alle.

V In Stille gedenken wir nun *des/der* verstorbenen *N.*, mit *dem/der* wir uns über den Tod hinaus verbunden wissen.

Segnung des Sarges
V Wir segnen nun den Sarg von *N.* Wir erbitten dadurch von Gott für *N.* alles Gute.

V Lasst uns beten: Herr, unser Gott, der Leib von *N.* hätten die Eltern gerne im Arm. Die Kinder wären gerne zusammen mit *N.* groß geworden. Nun stehen wir vor dem Sarg, der *seinen/ihren* Leichnam enthält. Wir entlassen *N.* nicht in ein Nichts, sondern empfehlen *ihn/sie* deiner Liebe an. So bitten wir dich: Segne *N.* und lasse *ihm/ihr* all die Liebe zukommen, die *ihm/ihr* die Eltern gerne selbst gegeben hätten. Darum bitten wir durch Christus, unseren Herrn.
A Amen.

Der Sarg kann nun mit Weihwasser besprengt werden.

Fürbitten

V Unser Gott ist kein Gott der Toten, sondern der Lebenden. Daher kommen wir voller Vertrauen mit unseren Bitten zu ihm:
L Tröste alle, die um N. trauern.
A Wir bitten dich, erhöre uns.
L Geh mit uns auf dem Weg durch die Trauer.
A Wir bitten dich, erhöre uns.
L Lass uns etwas von deiner Nähe spüren.
A Wir bitten dich, erhöre uns.
L Stelle uns mitfühlende Menschen an unsere Seite.
A Wir bitten dich, erhöre uns.
L Führe uns wieder zu einem Leben der Freude.
A Wir bitten dich, erhöre uns.
L Herr, nimm N. auf in dein himmlisches Paradies.
A Wir bitten dich, erhöre uns.
V Du bist der Herr des Lebens. Du willst, dass wir alle leben. Dies gibt uns Kraft und Trost in dem Glauben, dass wir uns alle bei dir wiedersehen dürfen. Dir vertrauen wir, der du lebst und herrschst in alle Ewigkeit.
A Amen.

Ritus und Verabschiedung siehe S. 71f.

Wenn die Eltern keine Christen sind

Eröffnung

V Liebe Familie X., liebe Trauernde, N. ist sehr *früh/jung/plötzlich* gestorben. *Sein/Ihr* Tod erfüllt Sie mit grenzenlosem Schmerz. Alle hier Anwesenden nehmen Anteil an Ihrer Trauer. Nun müssen wir N. für immer loslassen. Wir beten für *N.* und empfehlen *ihn/sie* Gott an.

Gebet

V Herr, unser Gott,
mit großer Trauer stehen wir vor dir. Die Eltern von N. wollten Liebe verschenken, nun müssen sie Abschied zu nehmen. Sie wollten N. heranwachsen sehen, nun müssen sie *ihn/sie* bestatten. Stehe allen Trauernden mit deiner Liebe bei und tröste sie.

A Amen.

Schriftlesung

V Kann denn eine Frau ihr Kindlein vergessen, eine Mutter ihren leiblichen Sohn? Und selbst wenn sie ihn vergessen würde: Ich vergesse dich nicht. *(Jes 49,15)*

oder

L Wir hören Worte der Bibel
Alles hat seine Stunde. Für jedes Geschehen unter dem Himmel gibt es eine bestimmte Zeit: eine Zeit zum Gebären und eine Zeit zum Sterben, eine Zeit zum Pflanzen und eine Zeit zum Abernten der Pflanzen, eine Zeit zum Weinen und eine Zeit zum Lachen, eine Zeit für die Klage und eine Zeit für den Tanz; eine Zeit zum Umarmen und eine Zeit, die Umarmung zu lösen, eine Zeit zum Schweigen und eine Zeit zum Reden. *(Koh 3)*

Segnung des Sarges

V Lasst uns beten: Herr, unser Gott, den Leib von N. hätten die Eltern gerne im Arm. Nun stehen wir vor dem Sarg, der *seinen/ihren* Leichnam enthält. Wir müssen hergeben, was wir gerne festgehalten hätten. Wir entlassen N. nicht in ein Nichts, sondern empfehlen *ihn/sie* deiner Liebe an. So bitten wir dich: Segne N. und lasse *ihm/ihr* all die Liebe zukommen, die *ihm/ihr* die Eltern gerne selbst gegeben hätten. Darum bitten wir dich, unseren Herrn und Gott.
A Amen.

Fürbitten

V Bei allem was passiert, können wir nicht tiefer fallen als in Gottes Hände. So bitten wir ihn voller Vertrauen:
L Steht uns bei mit deiner Kraft, dass wir diesen Weg gehen können.
A Wir bitten dich, erhöre uns.
L Begleite uns auf diesem Weg, damit wir uns nicht alleine fühlen.
A Wir bitten dich, erhöre uns.
L Fülle uns aus mit deiner Liebe, damit wir wieder Leben in Fülle erfahren können.
A Wir bitten dich, erhöre uns.
L Schenke uns Hoffnung, dass das Leben weiter geht.
A Wir bitten dich, erhöre uns.
L Nimm N. auf in das Paradies deiner himmlischen Liebe.
A Wir bitten dich, erhöre uns.
V Erhöre unsere Bitten, mit denen wir vertrauensvoll zu dir kommen.
A Amen.

Verabschiedung

V Gütiger Gott,
in deine Hände empfehlen wir N. Wir bitten dich, nimm *ihn/sie* auf und gib *ihm/ihr* Wohnung und Heimat bei dir. Uns aber, die wir hier zurück bleiben, gib die Kraft, einander zu trösten mit der Botschaft des Glaubens, bis wir alle vereint sind bei dir. Darum bitten wir dich, unseren Herrn und Gott.
A Amen.
V N., zum Paradies mögen Engel dich geleiten, die heiligen Märtyrer dich begrüßen und dich führen in die heilige Stadt Jerusalem. Die Chöre der Engel mögen dich empfangen und durch Gott soll ewiges Leben dich erfreuen.

Wenn die Eltern nicht an Gott glauben

Eröffnung

V Liebe Familie X., N. ist so *früh/jung/plötzlich* gestorben. *Sein/Ihr* Tod erfüllt Sie mit grenzenlosem Schmerz. Alle hier Anwesenden nehmen Anteil an Ihrer Trauer. Nun müssen wir N. für immer loslassen.

Schriftlesung oder Volksweisheit

L Wir hören Worte der Bibel
Alles hat seine Stunde. Für jedes Geschehen unter dem Himmel gibt es eine bestimmte Zeit: eine Zeit zum Gebären und eine Zeit zum Sterben, eine Zeit zum Pflanzen und eine Zeit zum Abernten der Pflanzen, eine Zeit zum Weinen und eine Zeit zum Lachen, eine Zeit für die Klage und eine Zeit für den Tanz; eine Zeit zum Umarmen und eine Zeit, die Umarmung zu lösen, eine Zeit zum Schweigen und eine Zeit zum Reden. *(Koh 3)*

oder

L Der Volksmund sagt:
Eltern sollten nie in das Grab ihrer Kinder blicken müssen.

oder

L Der Volksmund sagt:
Wenn Eltern sterben, stirbt die Vergangenheit. Wenn der Partner stirbt, stirbt die Gegenwart. Wenn ein Kind stirbt, stirbt die Zukunft.

Worte der Anteilnahme

V Liebe Familie X., die soeben gehörten Worte sind uns allen bewusst. Geburt und Tod gehören zum Leben. Wenn jedoch Geburt und Tod so nah zusammen liegen wie bei N., dann ist es sehr schwer, dies zu ertragen. Wenn man dazu noch selbst betroffen ist, dann sind der Schmerz und die Trauer grenzenlos.

oder

V Liebe Familie X., *mit* dem Tod von N. starb auch Ihre Zukunft. Sie wollten Leben und Liebe weitergeben an N. Dieser Wunsch endete mit *seinem/ihrem* Tod.

Liebe Familie X., Sie hätten N. nun *gerne im Arm/an der Hand*. Doch wir stehen vor dem Sarg, der *seinen/ihren* Leichnam enthält. Wir müssen hergeben, was wir gerne festgehalten hätten. Was uns bleibt, ist nur die Erinnerung.

Wünsche an die Trauernden

V   Liebe Familie X., ich wünsche Ihnen von ganzem Herzen, dass Sie auf Menschen treffen, die mit ihnen um N. trauern, dass Ihnen Kraft zuwächst, das schwere Leid zu tragen, und dass am Ende dieses Trauerweges für Sie wieder ein Leben der Freude folgen möge.

Bestattungen

Allgemeine Form

Segnung des Grabes
V   Herr, unser Gott,
     dein sind wir im Leben und im Tod. Wir bitten dich: Segne dieses Grab und führe *N., dessen/deren* Leib wir hier bestatten, zur Auferstehung und zum Leben bei dir. Uns aber stärke im Glauben an das Leben bei dir, der Jesus von den Toten auferweckt hat.

Bei der Absenkung des Sarges
V   Christus spricht: Ich bin die Auferstehung und das Leben; wer an mich glaubt, wird leben, auch wenn er stirbt. (Joh 11,25)

Weihwasser
Bei einem getauftem Kind den Sarg mit Weihwasser besprengen.

V   N., in der Taufe bist du mit Christus begraben worden und hast in ihm neues Leben empfangen. Der Herr vollende an dir, was er in der Taufe begonnen hat.

Weihrauchinzens
Bei einem getauftem Kind den Sarg inzensieren.

V   N., dein Leib war der Tempel des Heiligen Geistes. Der Herr nehme dich auf in das himmlische Jerusalem.

Erde auf den Sarg werfen
V   N., Staub bist du und zum Staub kehrst du zurück, der Herr aber wird dich auferwecken.

Kreuz in die Erde stecken
V   Das Zeichen unserer Hoffnung, das Kreuz unseres Herrn Jesus Christus, sei aufgerichtet über deinem Grab. Der Herr schenke dir ewigen Frieden.

Fürbitten

V Eltern sollten nie in das Grab ihrer Kinder blicken müssen. Dennoch erleben wir nun diese schmerzreiche Situation. In dieser schweren Stunde wenden wir uns voll Vertrauen an Gott. Er möge Ihnen mit seiner Liebe und seinem Trost beistehen.
L Herr, gib uns Kraft, damit wir mit dem Tod von N. leben können.
A Wir bitten dich, erhöre uns.
L Herr, gib uns Glauben, damit wir auch weiterhin zu dir stehen.
A Wir bitten dich, erhöre uns.
L Herr, gib uns Mut, damit wir wieder „Ja" zum Leben sagen.
A Wir bitten dich, erhöre uns.
L Herr, gib uns Liebe, mit der wir immer mit N. verbunden bleiben.
A Wir bitten dich, erhöre uns.
L Herr, gib uns Zuversicht, dass N. in deiner Liebe geborgen ist.
A Wir bitten dich, erhöre uns.
V Wir sagen N. auf Wiedersehen, da wir als Kinder Gottes darauf vertrauen, dass wir uns alle bei dir Gott wiedersehen werden. Als Kinder Gottes lasst und beten, wie Jesus seine Jünger zu beten gelehrt hat:
A Vater unser im Himmel …

Riten

Hier können ein oder zwei „Riten" eingesetzt werden, siehe S. 98ff.

Segen

V Der Engel des Trostes trockne eure Tränen.
Der Engel der Stärke richte euch wieder auf.
Der Engel der Zuversicht schenke euch wieder Vertrauen.
Der Engel der Liebe umfasse euch von allen Seiten.
Der Engel des Glaubens führe euch zum Wiedersehen in Gottes Reich.

Dazu segne euch der barmherzige Gott, der Vater, und der Sohn, und der Heilige Geist.
A Amen.

Sammelbestattung fehlgeborener Kinder

Segnung des Grabes
V Herr, unser Gott,
dein sind wir im Leben und im Tod. Wir bitten dich: Segne dieses Grab und führe diese früh verstorbenen Kinder, deren Leib wir hier bestatten, zur Auferstehung und zum Leben bei dir. Uns aber stärke im Glauben an das Leben in Gott, der Jesus von den Toten auferweckt hat.

Bei der Absenkung des Sarges
V Christus spricht: Ich bin die Auferstehung und das Leben; wer an mich glaubt, wird leben, auch wenn er stirbt. *(Joh 11,25)*

Erde auf das Grab werfen
V Liebe Kinder, Staub ward ihr und zum Staub kehrt ihr zurück, der Herr aber wird euch auferwecken.

Kreuz in die Erde stecken
V Das Zeichen unserer Hoffnung, das Kreuz unseres Herrn Jesus Christus, sei aufgerichtet über eurem Grab. Der Herr schenke dir ewigen Frieden.

Fürbitten
V Eltern sollten nie in das Grab ihrer Kinder blicken müssen. Dennoch erleben wir nun diese schmerzreiche Situation. In dieser schweren Stunde wenden wir uns voll Vertrauen an Gott. Er möge Ihnen mit seiner Liebe und seinem Trost beistehen.
L Herr, gib uns Kraft, damit wir mit dem Tod dieser Kinder leben können.
A Wir bitten dich, erhöre uns.
L Herr, gib uns Glauben, damit wir auch weiterhin zu dir stehen.
A Wir bitten dich, erhöre uns.
L Herr, gib uns Mut, damit wir wieder „Ja" zum Leben sagen.
A Wir bitten dich, erhöre uns.
L Herr, gib uns Liebe, mit der wir immer mit unseren Kindern verbunden bleiben.
A Wir bitten dich, erhöre uns.

L Herr, gib uns Zuversicht, dass diese toten Kinder in deiner Liebe geborgen sind.
A Wir bitten dich, erhöre uns.
V Wir sagen diesen toten Kindern auf Wiedersehen, da wir als Kinder Gottes darauf vertrauen, dass wir uns alle bei dir Gott wiedersehen werden. Als Kinder Gottes lasst und beten, wie Jesus schon seinen Jüngern zu beten gelehrt hat:
A Vater unser im Himmel …,

Riten
Hier können ein oder zwei „Riten" eingesetzt werden, siehe S. 98ff.

Segen
V Der Engel des Trostes trockne eure Tränen.
   Der Engel der Stärke richte euch wieder auf.
   Der Engel der Zuversicht schenke euch wieder Vertrauen.
   Der Engel der Liebe umfasse euch von allen Seiten.
   Der Engel des Glaubens führe euch zum Wiedersehen in Gottes Reich.

   Dazu segne euch der barmherzige Gott, der Vater, und der Sohn, und der Heilige Geist.
A Amen.

Bei vielen anwesenden Kindern

Segnung des Grabes
V Herr, unser Gott,
dein sind wir im Leben und im Tod. Wir bitten dich: Segne dieses Grab und führe N., *dessen/deren* Leib wir hier bestatten, zur Auferstehung und zum Leben bei dir. Uns aber stärke im Glauben an das Leben in Gott, der Jesus von den Toten auferweckt hat.

Bei Absenkung des Sarges
V Den toten Körper von N. bestatten wir hier in diesem Grab. In unserem Herzen aber wird N. immer bleiben. Immer, wenn wir uns an N. erinnern, ist *er/sie* wieder bei uns.

oder

V In der Schrift heißt es: „Kann denn eine Frau ihr Kindlein vergessen, eine Mutter ihren leiblichen Sohn? Und selbst wenn sie ihn vergessen würde: Ich vergesse dich nicht." *(Jes 49,15)*

Liebe Kinder, Gott sichert uns damit zu: Wenn auf der Erde niemand mehr an N. denkt, weil zum Beispiel alle Menschen gestorben sind, die N. kannten, dann wird Gott noch immer an N. denken. Gott vergisst keinen Menschen, weder N. noch uns, die wir um N. trauern.

Weihwasser
Bei einem getauften Kind den Sarg mit Weihwasser besprengen.

V Bei der Taufe werden wir mit Weihwasser getauft. Dadurch werden wir ein besonderes Kind Gottes. Wir werden nach unserem Tod von Gott in den Himmel aufgenommen. Daran erinnert das folgende Gebet:

N., in der Taufe bist du mit Christus begraben worden und hast in ihm neues Leben empfangen. Der Herr vollende an dir, was er in der Taufe begonnen hat.

Weihrauch
Bei einem getauftem Kind den Sarg mit Weihrauch inzensieren.

V Durch die Taufe nimmt Gott in uns Wohnung. Nach unserem Tod nehmen wir Wohnung bei Gott. Das heißt, dass wir bei Gott im Himmel sind:

N., dein Leib war der Tempel des Heiligen Geistes. Der Herr nehme dich auf in das himmlische Jerusalem.

Erde auf den Sarg werfen
V Mit Staub ist im folgenden Gebet nicht der Schmutz gemeint, sondern das Irdische, alles, was wir anfassen können. Doch wir Menschen sind nicht nur der Körper, den wir sehen und anfassen können. Wir sind auch Geist und Seele. So kann zum Beispiel niemand einen Gedanken anfassen. Die Seele lebt nach unserem Tod bei Gott weiter. Das nennen wir Auferstehung oder Auferweckung.

N., Staub bist du und zum Staub kehrst du zurück, der Herr aber wird dich auferwecken.

Kreuz in die Erde stecken
V Das Kreuz ist das Kennzeichen für das Christentum. Christen glauben an die Auferstehung. Deshalb werden an Gräbern Kreuze aufgestellt.

N., das Zeichen unserer Hoffnung, das Kreuz unseres Herrn Jesus Christus, sei aufgerichtet über deinem Grab. Der Herr schenke dir ewigen Frieden.

Fürbitten
V Eltern sollten nie in das Grab ihrer Kinder blicken müssen. Kinder sollten nie um andere Kinder trauern müssen. Dennoch erleben wir nun diese schmerzreiche Situation. In dieser schweren Stunde wenden wir uns voll Vertrauen an Gott. Er möge Ihnen und euch mit seiner Liebe und seinem Trost beistehen.

L Herr, gib uns Kraft, damit wir mit dem Tod von N. leben können.
A Wir bitten dich, erhöre uns.
L Herr, gib uns Glauben, damit wir auch weiterhin zu dir stehen.
A Wir bitten dich, erhöre uns.
L Herr, gib uns Mut, damit wir wieder „Ja" zum Leben sagen.
A Wir bitten dich, erhöre uns.
L Herr, gib uns Liebe, mit der wir immer mit N. verbunden bleiben.
A Wir bitten dich, erhöre uns.
L Herr, gib uns Zuversicht, dass N. in deiner Liebe geborgen ist.
A Wir bitten dich, erhöre uns.
V Wir sagen N. auf Wiedersehen, da wir als Kinder Gottes darauf vertrauen, dass wir uns alle bei dir Gott wiedersehen werden. Als Kinder Gottes lasst und beten, wie Jesus schon seinen Jüngern zu beten gelehrt hat:
A Vater unser im Himmel …

Riten

Hier können ein oder zwei „Riten" eingesetzt werden, siehe S. 98ff.

Segen
V Der Engel des Trostes trockne eure Tränen.
   Der Engel der Stärke richte euch wieder auf.
   Der Engel der Zuversicht schenke euch wieder Vertrauen.
   Der Engel der Liebe umfasse euch von allen Seiten.
   Der Engel des Glaubens führe euch zum Wiedersehen in Gottes Reich.

   Dazu segne euch der barmherzige Gott, der Vater, und der Sohn, und der Heilige Geist.
A Amen.

Wenn die Eltern keine Christen sind

Segnung des Grabes
V Herr, unser Gott,
dein sind wir im Leben und im Tod. Wir bitten dich: Segne dieses Grab und führe *N., dessen/deren* Leib wir hier bestatten, zur Auferstehung und zum Leben bei dir. Uns aber stärke im Glauben an das Leben in Gott, bei dem wir uns alle wiedersehen werden.

Bei Absenkung des Sarges
V Vergängliches übergeben wir der Erde, Unvergängliches übergeben wir dem Himmel.

oder

V Den toten Körper von *N.* bestatten wir hier in diesem Grab. *Seine/Ihre* Seele wissen wir in Gottes Liebe geborgen.

oder

V Herr, unser Gott, wir übergeben den toten Leib von *N.* der Erde. Nimm seine Seele auf in dein ewiges Paradies.

Erde auf den Sarg werfen
V *N.*, Staub bist du und zum Staub kehrst du zurück, der Herr aber wird dich auferwecken.

Fürbitten
V Eltern sollten nie in das Grab ihrer Kinder blicken müssen. Dennoch erleben Sie nun diese schmerzreiche Situation. In dieser schweren Stunde wenden wir uns voll Vertrauen an Gott. Er möge Ihnen mit seiner Liebe und seinem Trost beistehen.
L Herr, gib uns Kraft, damit wir mit dem Tod von *N.* leben können.
A Wir bitten dich, erhöre uns.
L Herr, gib uns Glauben, damit wir auch weiterhin zu dir stehen.
A Wir bitten dich, erhöre uns.
L Herr, gib uns Mut, damit wir wieder „Ja" zum Leben sagen.
A Wir bitten dich, erhöre uns.

L   Herr, gib uns Liebe, mit der wir immer mit N. verbunden bleiben.
A   Wir bitten dich, erhöre uns.
L   Herr, gib uns Zuversicht, dass N. in deiner Liebe geborgen ist.
A   Wir bitten dich, erhöre uns.
V   Wir sagen N. auf Wiedersehen, da wir als Kinder Gottes darauf vertrauen, dass wir uns alle bei dir Gott wiedersehen werden.

Riten

Hier können ein oder zwei „Riten" eingesetzt werden, siehe S. 98ff.

Segen

V   Der Engel des Trostes trockne eure Tränen.
    Der Engel der Stärke richte euch wieder auf.
    Der Engel der Zuversicht schenke euch wieder Vertrauen.
    Der Engel der Liebe umfasse euch von allen Seiten.
    Der Engel des Glaubens führe euch zum Wiedersehen in Gottes Reich.

    Dazu segne euch der barmherzige Gott, der Vater, und der Sohn, und der Heilige Geist.
A   Amen.

Wenn die Eltern nicht an Gott glauben

Bei Absenkung des Sarges

V Wir bestatten den toten Leib von N. In Ihrem Herzen wissen Sie *ihn/sie* für immer bei sich.

Kurze Ansprache

V Eltern sollten nie in das Grab ihrer Kinder blicken müssen. Dennoch erleben Sie nun diese schmerzreiche Situation. Zwar ist für uns so manches machbar, manches wir können gestalten, doch vieles liegt nicht in unserer Macht. Leben und Tod haben wir nicht in unseren Händen. Leben müssen wir uns schenken lassen. Den Tod müssen wir hinnehmen. Das müssen wir angesichts *des/der* toten N. erkennen.

Von ganzem Herzen wünsche ich Ihnen: Mögen Sie die Kraft erhalten, um mit dem Tod von N. zu leben. Mögen Sie den Mut erhalten, um wieder „Ja" zum Leben zu sagen. Mögen Sie die Liebe erhalten, um immer mit N. verbunden zu bleiben.

Riten bei der Bestattung

Luftballons steigen lassen

Vorbereitung:
– Mit Helium gefüllte Luftballons mit je einer Schnur daran,
– Karten mit einem Loch
– Bleistifte

V   Wir haben Luftballone mit Schnüren vorbereitet. Hier sind Karten und Bleistifte. Sie können nun Ihre guten Wünsche für N. auf eine dieser Karten schreiben und diese an einen Luftballon binden. Wir werden dann gemeinsam die Luftballons emporsteigen lassen und symbolisch zum Himmel schicken.

Lasst uns beten: Herr, unser Gott, wir schreiben unsere Wünsche an N. nieder. Lass sie für N. Wirklichkeit werden. Darum bitten wir durch Christus, unseren Herrn.

A   Amen.

Samenkörner ins Grab streuen

Vorbereitung: Samenkörner (z. B. Getreide) in einem Gefäß bereithalten.

V   Ich habe hier einige Getreidekörner in der Hand. Wenn man sie so ansieht, könnte man meinen, dass es totes Material ist. Wir wissen jedoch: Wenn wir sie in die Erde streuen und gießen, gehen sie auf und zeigen, welches Leben in ihnen steckt. So lade ich Sie ein, einige dieser Getreidekörner zu nehmen und sie als Zeichen der Auferstehung ins Grab zu streuen.

Lasst uns beten: Herr, unser Gott, wir glauben an das Wiedersehen mit N. Bewahre *ihn/sie*, bis wir alle vereint sind in deinem Reich. Darum bitten wir durch Christus, unseren Herrn.

A   Amen.

Blütenblätter ins Grab streuen

Vorbereitung: Blütenblätter in einer Schale bereithalten.

V Die Farben der Blütenblätter stehen für das Leben, das so bunt ist, bei dem Freud und Leid oft so nah beieinander liegen. Sie stehen auch für Verwelken, das Ende des Lebens und den Abschied von Schönem, von dem nur noch die Erinnerung bleibt. So lade ich Sie ein, einige dieser Blütenblätter zu nehmen und sie N. ins Grab zu streuen.

Lasst uns beten: Herr, unser Gott, der Tod von N. schmerzt uns sehr. Tröste uns in unserer Trauer und unserem Schmerz. Darum bitten wir durch Christus, unseren Herrn.
A Amen.

Das Grab zuschaufeln

Für manche Menschen ist die Bestattung zu wenig, um mit dem Tod des Kindes in einer ersten Phase abzuschließen. Besonders Männer drängt es dazu, körperlich tätig zu werden, ja sich sogar körperlich zu verausgaben.
Mit dem Zuschaufeln des Grabes können sie ihre angestauten Spannungen und Aggressionen abarbeiten. Dies kann für ihren Trauerprozess ein heilsames Handeln sein.
Besonders verwaiste Väter haben oft einen enormen Tatendrang. Sie leiden darunter, dass sie so hilflos waren, ihre Frau nicht vor dem Tod des Kindes schützen zu können. Im Zuschaufeln des Grabes können sie endlich etwas tatkräftig tun und ihre Wut abreagieren.

V Das Letzte, das wir für den toten Körper von N. tun können, ist ihn zu beerdigen. Als Abschluss steht Ihnen die Möglichkeit offen, das Grab auch zuzuschaufeln. Dies kann Ihnen als Schritt Ihrer Trauerarbeit hilfreich sein.

Lasst uns beten: Herr, unser Gott, der Abschied von N. schmerzt uns sehr. Hilf uns in unserer Trauer durch das Zuschaufeln des Grabes. Darum bitten wir durch Christus, unseren Herrn.
A Amen.

Treffen nach der Bestattung (bei Sammelbestattung)
Nach einer Sammelbestattung fehlgeborener Kinder – aber nicht nur dort – ist es sinnvoll, wenn sich der Seelsorger im Anschluss mit Trauernden trifft. Auch wenn nur ein Bruchteil der Anwesenden dieser Einladung folgt, so ist es für sie eine tröstende Geste der Solidarität und Anteilnahme, selbst wenn sie mit dem Seelsorger kein Wort sprechen konnten. Wird der Seelsorger zum „Leichenschmaus" eingeladen, so sollte er aus den gleichen Gründen diese Einladung annehmen. Auch wenn er nur wenige Minuten anwesend war, kann dies für Trauernde als sehr tröstend empfunden werden.

V Im Anschluss an diese Trauerfeier und Bestattung lade ich Sie alle recht herzlich zu einem Treffen in … ein. Wir wollen Ihnen damit anbieten,
– dass Sie sich gegenseitig kennenlernen,
– dass Sie erste Kontakte zur Selbsthilfegruppe knüpfen können,
– dass Sie Beratungsstellen und Trauergruppen kennenlernen.
– dass Sie mit uns ins Gespräch kommen.
Sie sind dazu auch eingeladen, wenn Sie noch stark betroffen sind und tief in ihrer Trauer stecken und sich gar nicht in der Lage sehen, darüber zu sprechen. Sie müssen heute nichts sagen. Es geht nur ums Kennenlernen.

Trost-Gottesdienste

Trostgottesdienste sind zeitlich dort zu platzieren, wo die Trauer übermächtig zu werden droht. Dies trifft besonders für die Monate November und Dezember zu. Wenn die Möglichkeit gegeben ist, sollten die Trauernden anschließend zu einem kurzen Austausch eingeladen werden. Damit können Kontakte untereinander wie auch mit der Gemeinde geknüpft bzw. vertieft werden. Der hier wiedergegebene Trost-Gottesdienst enthält den Rahmen, in den verschiedene Elemente der Trauer und des Trostes aufgenommen werden können. Diese finden Sie in den vorausgehenden Kapiteln.

Trost-Gottesdienst am Palmsonntag

Eröffnung

V Im Namen des Vaters und des Sohnes und des Heiligen Geistes.
A Amen.
V Trost, Friede und Heil des gestorbenen, begrabenen und auferstandenen Christus sei mit euch.
A Und mit deinem Geiste.
V Liebe trauernde Eltern, Großeltern und Geschwisterkinder, ich begrüße Sie zu diesem Trost-Gottesdienst für trauernde Eltern. Wir können Ihnen Ihre geliebten Kinder nicht zurückgeben. Wir wollen aber Ihrer Trauer einen geeigneten Platz geben.
Mit der Auferstehung Jesu Christi brachte Gott Licht in unsere Welt. Dies bringen wir in der brennenden Osterkerze zum Ausdruck. Sie steht für uns als Zeichen für Jesus Christus, der in unserer Mitte ist.
Liebe trauernde Eltern, die Trauer um ein verstorbenes Kind hat einen Anfang und ein Ende. Der Anfang ist hier auf Erden. Das Ende wird erst im Himmel bei Gott sein. So singen wir das Lied: Eingang und Ausgang.

Lied

Ausgang und Eingang (*EGB 175*)

Recht auf Trauer

L Sie haben ein Recht auf Ihre Trauer.
Gleichgültig, welches kirchliche oder gesellschaftliche Fest gefeiert wird,
Sie haben ein Recht auf Ihre Trauer.
Einerlei, wie viel Jahre der Tod Ihres Kindes zurückliegt,
Sie haben ein Recht auf Ihre Trauer.
Unerheblich, wie Sie zu dem gestorbenen Kind gestanden haben,
Sie haben ein Recht auf Ihre Trauer.
Nichtig, wie alt Ihr Kind wurde,
Sie haben ein Recht auf Ihre Trauer.
Diese Trauer kann Ihnen niemand nehmen,
kein Mensch und keine Macht der Welt.

Psalm 22

L Wir hören Auszüge aus dem Klagepsalm 22:
Mein Gott, mein Gott, warum hast du mich verlassen,
bist fern meinem Schreien, den Worten meiner Klage?
Mein Gott, ich rufe bei Tag, doch du gibst keine Antwort;
ich rufe bei Nacht und finde doch keine Ruhe.
Von Geburt an bin ich geworfen auf dich,
vom Mutterleib an bist du mein Gott.
Sei mir nicht fern, denn die Not ist nahe,
und niemand ist da, der hilft.
Meine Kehle ist trocken wie eine Scherbe,
die Zunge klebt mir am Gaumen,
du legst mich in den Staub des Todes. *(Ps 22,2f.11f.16)*

Cornelius braucht Geld

Cornelius war schon immer ein Raufbold. Mit seiner Kraft rang er jeden nieder. Da er für seine Familie dringend Geld brauchte, ging er zu den Römern und ließ sich von ihnen zu einer wilden Söldnertruppe anheuern. Da Cornelius nicht nur stark, sondern auch klug war, ernannte man ihn zum Leiter dieser Söldnertruppe. Bald erhielt er als solcher seinen ersten Auftrag. Einen Volksverhetzer sollte er bei Dunkelheit festnehmen. Dabei durfte es auch roh zugehen. Ein Jude mit Namen Judas würde mit ihnen gehen und ihnen den Volksverhetzer zeigen.

Dies war ein einfacher Auftrag, den Cornelius schnell erledigte. Er brachte diesen Volksverhetzer Jesus in das Prätorium, das Amtsgebäude des Statthalters. Dort versammelte sich die ganze Kohorte um ihn.

Cornelius und seine Soldaten zogen ihn aus und legten ihm einen purpurroten Mantel um. Dann flochten sie einen Kranz aus Dornen. Den setzten sie ihm auf und gaben ihm einen Stock in die rechte Hand. Sie fielen vor ihm auf die Knie und verhöhnten ihn, indem sie riefen: „Heil dir, König der Juden!" Sie spuckten ihn an, nahmen ihm den Stock wieder weg und schlugen ihm damit auf den Kopf. Nachdem sie so ihren Spott mit ihm getrieben hatten, nahmen sie ihm den Mantel ab und zogen ihm seine eigenen Kleider wieder an.

Ohne jede Gegenwehr ließ dieser Jesus das alles mit sich machen. So etwas hatte Cornelius noch nicht erlebt. Konnte ein Volksverhetzer so demütig sein? Cornelius kamen Zweifel auf, aber er hatte seinen Auftrag zu erfüllen.

Jesus wurde zum Tod am Kreuz verurteilt. Cornelius hatte es auszuführen. Auf dem Weg nach Golgota fiel Jesus mehrmals entkräftet nieder. Cornelius hatte schon Sorge, dass er nicht mehr lebend die Kreuzigungsstelle erreichte. Daher zwang er einen Mann aus Zyrene namens Simon, Jesus das Kreuz zu tragen. Auf Golgota kreuzigten sie ihn und verteilten seine Kleider unter sich. Dann setzten sie sich nieder und bewachten ihn. Als Jesus gestorben war, stach Cornelius zur Sicherheit seine Lanze dem toten Körper ins Herz.

Ein Josef von Arimathäa hatte um den Leichnam Jesu gebeten. Er nahm ihn vom Kreuz und legte ihn in ein frisches Felsengrab. Cornelius ließ diesen Jesus keinen Augenblick aus den Augen. Sollte er ihn doch drei Tage lang bewachen.

In dieser Nacht konnte Cornelius nicht schlafen. Dieser Jesus war anders als die anderen Verbrecher. Er mag seltsame Ansichten gehabt haben, aber ein Verbrecher war er sicherlich nicht. Cornelius schlug das Gewissen. Hatte er hier richtig gehandelt? Hatte er hier nicht einen Unschuldigen gefangen genommen, geschlagen, gefoltert, verhöhnt, erniedrigt und schließlich durch die Kreuzigung einen grausamen Erstickungstod sterben lassen? Gut, er hatte es nicht zu verantworten. Andere Menschen hatten das Urteil gefällt. Er war nur der Ausführende. Dennoch plagte ihn das Gewissen. War dieses Urteil gerecht? Hätte es in diesem Falle nicht Freispruch lauten müssen?

Am Tag nach dem Sabbat kamen in der Morgendämmerung Maria aus Magdala und die andere Maria, um nach dem Grab zu sehen. Plötzlich entstand ein gewaltiges Erdbeben; denn ein Engel des Herrn kam vom Himmel herab, trat an das Grab, wälzte den Stein weg und setzte sich darauf. Cornelius und seine Soldaten begannen vor Angst zu zittern und fielen wie tot zu Boden. Der Engel aber sagte zu den Frauen: „Fürchtet euch nicht! Ich weiß, ihr sucht Jesus, den Gekreuzigten. Er ist nicht hier; denn er ist auferstanden, wie er gesagt hat. Kommt her und seht euch die Stelle an, wo er lag. Dann geht schnell zu seinen Jüngern und sagt ihnen: Er ist von den Toten auferstanden. Er geht euch voraus nach Galiläa, dort werdet ihr ihn sehen." Sogleich verließen sie das Grab und eilten voll Furcht und großer Freude weg.

Cornelius war noch ganz benommen von dem Ereignis. War er eingeschlafen und hatte er geträumt, oder war es wirklich geschehen? Er konnte es noch gar nicht recht zuordnen. Das offene und auch leere Grab zeigte deutlich, dass er es wirklich erlebt hatte.

Cornelius berichtete den Hohenpriestern, was geschehen war. Diese fassten den Beschluss, die Soldaten zu bestechen. Sie gaben ihnen viel Geld und sagten: „Erzählt den Leuten: Seine Jünger sind bei Nacht gekommen und haben ihn gestohlen, während wir schliefen."

Cornelius nahm das Geld und machte alles so, wie man es ihnen gesagt hatte. Danach quittierte er den Dienst bei den Römern. Nie wieder wollte er am Tod eines Unschuldigen mitwirken. Der erhaltene Sold für seine zuverlässigen Dienste waren mehr, als er für seine Familie brauchte.

Als Cornelius mit dem Geld nach Hause kam, eilte ihm schon seine Frau entgegen und sagte: „Heute früh war ein Mann bei mir. Er hatte Wunden an Händen und Füßen, so als hätte man ihn gekreuzigt. Er sagte, dass alles gut sei. – Verstehst du es?"

Cornelius verstand es nicht, aber er glaubte es. Er hatte zwar beim Tod dieses Menschen mitgewirkt und bereute es zutiefst, doch dieser Mensch ließ ihm ausrichten, dass es für ihn gut sei. Cornelius verstand es zwar nicht, aber er glaubte seinen Worten. Sein Handeln war zwar nicht richtig, aber es war gut.

Vorstellung der Stationen
An dieser Stelle werden die für diesen Trost-Gottesdienst ausgewählten Stationen vorgestellt. – Siehe S. 154ff.

Einladung zu den Stationen
V Sie haben nun gute 15 Minuten Zeit, sich zu den verschiedenen Stationen zu begeben. Sie können einen Brief an Gott oder Ihr Kind verfassen. Sie können die ungeweinten Tränen weinen oder sich mit Jesus solidarisieren. Sie können sich von Gott umarmen lassen oder an sich von Gott Heil geschehen lassen.

Für 15–20 Minuten meditative Musik spielen (evtl. von CD).

Lied
Meine Hoffnung und meine Freude *(TR 374 [Taizé])*

Bitten
L Jesus, menschgewordener Sohn Gottes, durch deine Auferstehung hast du uns Menschen gelehrt, dass nicht der Tod das letzte Wort hat, sondern das Leben. So wissen wir unsere Verstorbenen in deiner Liebe geborgen. Voller Vertrauen kommen wir mit unseren Bitten zu dir.
L Herr, unser Gott, wir trauern um unsere Kinder, die gestorben sind.

Wenn die Namen der Kinder zuvor in Listen eingetragen wurden, werden die Namen an dieser Stelle vorgelesen (vgl. S. 154).

Lass sie in deiner Liebe geborgen sein.
A Wir bitten dich, erhöre uns.
L Ostern ist das Fest der Freude über deine Auferstehung. Lass uns in unserer Trauer Anteil haben an dieser Freude.
A Wir bitten dich, erhöre uns.
L Ostern ist das Fest der Versöhnung. Lass uns Versöhnung erfahren mit Gott, mit unseren Mitmenschen und mit uns selbst.
A Wir bitten dich, erhöre uns.
L Ostern ist das Fest des Lebens. Führe uns aus unserer Trauer heraus dem Leben in Fülle zu.
A Wir bitten dich, erhöre uns.
L Ostern ist das Fest der Hoffnung. Schenke uns die Hoffnung, dass unsere Verstorbenen in deiner Liebe geborgen sind.
A Wir bitten dich, erhöre uns.
L Tragen wir in einer kurzen Stille alle unsere ganz persönlichen Anliegen vor Gott.

kurze Stille

A Wir bitten dich, erhöre uns.
L Erhöre unsere Bitten, mit denen wir vertrauensvoll zu dir kommen. Erhöre sie und wandle sie uns zum Trost. Darum bitten wir durch Christus, unseren Herrn.
A Amen.

Psalm 23
L Wir hören den Psalm 23:
Der Herr ist mein Hirte, nichts wird mir fehlen.
Er lässt mich lagern auf grünen Auen
und führt mich zum Ruheplatz am Wasser.
Er stillt mein Verlangen;
er leitet mich auf rechten Pfaden, treu seinem Namen.
Muss ich auch wandern in finsterer Schlucht,
ich fürchte kein Unheil;
denn du bist bei mir,
dein Stock und dein Stab geben mir Zuversicht.
Du deckst mir den Tisch vor den Augen meiner Feinde.
Du salbst mein Haupt mit Öl,
du füllst mir reichlich den Becher.
Lauter Güte und Huld werden mir folgen mein Leben lang,
und im Haus des Herrn darf ich wohnen für lange Zeit.

Recht auf Leben
L Sie haben ein Recht auf Leben!
Egal, wie tragisch oder gewöhnlich der Tod Ihres Verstorbenen war,
Sie haben ein Recht auf Leben!
Gleichgültig, was die Menschen um Sie herum sagen,
Sie haben ein Recht auf Leben!
Unerheblich, wie wenig Zeit seit dem Tod Ihres Verstorbenen vergangen ist,
Sie haben ein Recht auf Leben!
Ungeachtet, was die Menschen um Sie herum denken,
Sie haben Recht auf Leben!
Dieses Recht kann Ihnen niemand absprechen,
kein Mensch und keine Macht der Welt!

Lied
Meine Zeit steht in deinen Händen, 1. Strophe *(TR 759)*

Segen
V Der Prophet Jesaja schrieb: „Das Volk, das im Dunkeln lebt, sieht ein helles Licht" (Jes 9,1). Dieses Licht ist für uns Jesus Christus, der von sich sprach: „Ich bin das Licht der Welt. Wer mir nachfolgt, wird nicht in der Finsternis umhergehen, sondern wird das Licht des Lebens haben." (Joh 8,12) Besonders durch seine Auferstehung brachte er uns Licht in die Finsternis des Todes. Dies feiern wir in der Osternacht, wenn wir feierlich mit der am Osterfeuer entzündeten Osterkerze in die Kirche einziehen und singen: „Lumen Christi" – Christus, das Licht.
Deshalb haben wir hier die Osterkerze als Sinnbild für Jesus Christus aufgestellt, das Licht der Welt. Jeder von ihnen ist nach dem Segen eingeladen, daran eine Kerze zu entzünden und mit nach Hause zu nehmen. Möge dieses Licht die Finsternis Ihrer Trauer erhellen.

So will ich nun den Segen Gottes für Sie erbitten:
Jesus, du Licht der Welt, voll vertrauen bitten wir dich: Erleuchte die Finsternis der Trauernden, sei ihnen Licht auf ihrem Weg durch die Trauer,

Nur die Teile nennen, die zuvor in den Stationen vorgekommen sind:

– Sei ihnen Klagemauer, wo sie bisher nicht gewagt haben zu klagen,
– Überbringe den Verstorbenen die Worte, die nicht ausgesprochen waren,
– öffne ihnen die Schleusen der Tränen, wo sie bisher verschlossen waren,
– lass sie sich nicht nur an den Tod erinnern, sondern auch an das Leben davor.
– stärke sie mit dem, was sie täglich brauchen,
– nimm ihnen die Lasten ab,
– zeige ihnen, dass du sie nicht verlassen hast,
– führe verständnisvolle Menschen zu ihnen, die ihnen Halt und Trost geben,
– lass sie Segen empfangen,
– nimm von ihnen alle Schuld und Selbstvorwürfe,
– geleite sie zum kreativen Umgang mit ihrer Trauer,
– vereine ihr Leid mit dem Leid Jesu,
– zeige ihnen, dass der Tod das Tor zum Leben bei dir ist,
– bringe bei ihnen das in Ordnung, was durch diesen Tod in Unordnung geraten ist,
– nimm die Verstorbenen auf in deine grenzenlosen Liebe.

Dazu segne euch der dreieinige Gott, der Vater und der Sohn und der Heilige Geist.

A Amen.

Alle Trauernden können an der Osterkerze ein Teelicht entzünden und sich in einem Kreis aufstellen.

Vaterunser-Gebet

V Ich lade Sie ein, das Teelicht in die rechte Hand zu nehmen und seitlich in Schulterhöhe zu halten. Mit der linken Hand stützen Sie die Hand Ihres Nachbarn, Ihrer Nachbarin. Nehmen Sie es als Ausdruck dessen, dass Sie in Ihrer Trauer nicht alleine sind und dass Sie gestützt werden.

Lasst uns gemeinsam beten, wie Jesus schon seine Jünger zu beten gelehrt hat.

A Vater unser im Himmel …

Lied
   Meine Zeit steht in deinen Händen, 3. Strophe *(TR 759)*

Schlusssegen
V Am Ende dieses Trost-Gottesdienstes erbitte ich für Sie den Segen Gottes:
Keinen Tag soll es geben, an dem Ihr sagen müsst:
Niemand ist da, der mich hält.
Keinen Tag soll es geben, an dem Ihr sagen müsst:
Niemand ist da, der mich versteht.
Keinen Tag soll es geben, an dem Ihr sagen müsst:
Niemand ist da, der mich tröstet.
Keinen Tag soll es geben, an dem Ihr sagen müsst:
Niemand ist da, der mich liebt.
(Beate Lessle-Rauter nach einem irischen Segensspruch)

So segne und behüte euch der Herr. Er lasse sein Angesicht leuchten über euch und sei euch gnädig. Er hebe sein Angesicht auf euch und schenke euch seinen Frieden. Das gewähre euch der dreifaltige Gott, der Vater und der Sohn und der Heilige Geist.
A Amen.

Verbrennen der Briefe
V Wir verbrennen nun diese Briefe und bitten Gott, dass er sie den Empfängern zustellen möge. Feuer verbrennt das Papier zu Asche, aber es spendet Licht und Wärme. So möge es auch Ihre Trauer wandeln in Trost und Leben.

Allmächtiger, ewiger Gott,
du hast das Feuer erschaffen, das Licht und Wärme spendet, ohne die es kein Leben gäbe. Segne dieses Feuer, das die Nacht erhellt. Wandle die Dunkelheit der Trauer in das österliche Licht, den Schmerz des Getrenntseins in die österliche Wärme und den Tod unserer Kinder in das österliche Leben. Lass uns mit frohem Herzen zum ewigen Osterfest gelangen. Darum bitten wir durch Christus, unseren Herrn.

A Amen.

Die Briefe werden entzündet. Alle warten, bis das Papier restlos zu Asche verbrannt ist.

Trost-Gottesdienst am Karsamstag

Bei der Einladung zum Trost-Gottesdienst am Karsamstag werden die trauernden Eltern darüber informiert, dass sie ihrer Trauer irgendwie Gestalt geben sollen. Dies kann auf Papier oder mit Holz gestaltet sein. Das Material soll umweltverträglich brennbar sein.

Eröffnung
V Im Namen des Vaters und des Sohnes und des Heiligen Geistes.
A Amen.
V Trost, Friede und Heil des menschgewordenen Gottes sei mit euch.
A Und mit deinem Geiste.
V Liebe trauernde Eltern, ich begrüße Sie zu diesem Trost-Gottesdienst am Karsamstag. Sie gaben hierzu auf Papier oder Holz Ihrer Trauer Gestalt. Diese Zeichen Ihrer Trauer können Sie am Ende dem Osterfeuer übergeben und von diesem verwandeln lassen.

Kyrierufe
V Zunächst jedoch rufen wir Gott um sein Erbarmen an:
   Diese trauernde Eltern vermissen ihre Kinder sehr.
   Herr, erbarme dich.
A Herr, erbarme dich.
V Kaum ein Tag vergeht, an dem sie nicht ihrer Kinder gedenken.
   Christus, erbarme dich.
A Christus, erbarme dich.
V Ihre Trauer kann erst in deinem Reich gänzlich genommen sein.
   Herr, erbarme dich.
A Herr, erbarme dich.
V Der barmherzige Gott erbarme sich unser, er stehe uns bei mit seiner Kraft und führe uns zum ewigen Leben.
A Amen.

Gebet
V Herr, unser Gott,
   wir gedenken in diesen Tagen deines Todes am Kreuz. Doch du bist nicht im Tod geblieben, sondern zum Leben auferstanden. Lass auch unsere Kinder in deiner Liebe geborgen sein. Darum bitten wir durch Christus, unseren Herrn.
A Amen.

Schriftlesung

L Israel sagte zu Josef: Deine Brüder weiden bei Sichem das Vieh. Geh, ich will dich zu ihnen schicken. Er antwortete: Ich bin bereit. Da sagte der Vater zu ihm: Geh doch hin und sieh, wie es deinen Brüdern und dem Vieh geht, und berichte mir! So schickte er ihn aus dem Tal von Hebron fort, und Josef kam nach Sichem. Die Brüder sahen ihn von weitem. Bevor er jedoch nahe an sie herangekommen war, fassten sie den Plan, ihn umzubringen. Als Josef bei seinen Brüdern angekommen war, zogen sie ihm sein Gewand aus, den Ärmelrock, den er anhatte, packten ihn und warfen ihn in die Zisterne. Die Zisterne war leer; es war kein Wasser darin. Midianitische Kaufleute kamen vorbei. Da zogen sie Josef aus der Zisterne heraus und verkauften ihn für zwanzig Silberstücke an die Ismaeliter. Diese brachten Josef nach Ägypten. Da nahmen sie Josefs Gewand, schlachteten einen Ziegenbock und tauchten das Gewand in das Blut. Dann schickten sie den Ärmelrock zu ihrem Vater und ließen ihm sagen: Das haben wir gefunden. Sieh doch, ob das der Rock deines Sohnes ist oder nicht. Als er ihn angesehen hatte, sagte er: Der Rock meines Sohnes! Ein wildes Tier hat ihn gefressen. Zerrissen, zerrissen ist Josef. Jakob zerriss seine Kleider, legte Trauerkleider an und trauerte um seinen Sohn viele Tage. Alle seine Söhne und Töchter machten sich auf, um ihn zu trösten. Er aber ließ sich nicht trösten und sagte: Ich will dauernd zu meinem Sohn in die Unterwelt hinabsteigen. So beweinte ihn sein Vater. *(Gen 37,13f.18.23f.28.31–35)*

oder

L So spricht der Herr: Ein Geschrei ist in Rama zu hören, bitteres Klagen und Weinen. Rahel weint um ihre Kinder und will sich nicht trösten lassen, um ihre Kinder, denn sie sind dahin. *(Jer 31,15)*

oder

L König David fragte: Geht es dem Jungen, Abschalom, gut? Ahimaaz antwortete: Ich sah ein großes Getümmel, als Joab den Knecht des Königs, deinen Knecht, wegschickte; darum weiß ich nicht, was da geschah. Der König befahl: Tritt zur Seite, und stell dich hierher! Ahimaaz trat zur Seite und blieb dort stehen. Da kam auch der Kuschiter und sagte: Mein Herr, der König, lasse sich die gute Nachricht bringen, dass der Herr dir heute Recht verschafft hat gegenüber allen, die sich gegen dich erhoben hatten. Der König fragte den Kuschiter: Geht es dem Jungen, Abschalom, gut? Der Kuschiter antwortete: Wie dem jungen Mann möge es allen Feinden meines Herrn, des Königs, ergehen, allen, die sich in böser Absicht gegen dich erhoben haben. Da zuckte der König zusammen, stieg in den oberen Raum des Tores hinauf und weinte. Während er hinaufging, rief er (immer wieder): Mein Sohn Abschalom, mein Sohn, mein Sohn Abschalom! Wäre ich doch an deiner Stelle gestorben, Abschalom, mein Sohn, mein Sohn! *(Sam 18,29 – 19,1)*

Kurze Ansprache
V Liebe trauernde Eltern, wer um ein Kind trauert, ist untröstlich. Er wünscht sich, an dessen Stelle gestorben zu sein. Dies zeigt uns der Lesungstext sehr deutlich. Dies haben Sie auch selbst erlebt. Für die Trauer um ein Kind gibt es keinen menschlichen Trost. Allein Gott kann die Wunden Ihrer Herzen heilen. So wenden wir uns mit unseren Bitten an ihn.

Fürbitten
V Der Tod eines Kindes tut so unsagbar weh. Dennoch kommen wir voller Vertrauen mit unseren Bitten zu Gott.
L Bringe den trauernden Eltern Licht in der Dunkelheit ihrer Trauer.
A Wir bitten dich, erhöre uns.
L Nimm von ihnen alle Schuld und Selbstvorwürfe.
A Wir bitten dich, erhöre uns.
L Stärke sie und richte sie wieder auf.
A Wir bitten dich, erhöre uns.
L Führe sie wieder einem Leben in Fülle zu.
A Wir bitten dich, erhöre uns.
L Birg die Kinder, um die sie trauern, in deiner göttlichen Liebe.
A Wir bitten dich, erhöre uns.
V Herr, unser Gott, du allein bist der wahre Trost. Erhöre unsere Bitten, mit denen wir vertrauensvoll zu dir kommen, durch Christus, unseren Herrn.
A Amen.

V Lasst uns gemeinsam beten, wie Jesus seine Jünger zu beten gelehrt hat.
A Vater unser im Himmel …,

Verbrennung der Trauer-Zeichen
V Wir gehen nun nach draußen zum Feuer, das wir zunächst segnen. Dann können Sie Ihre Trauer-Zeichen dem Feuer übergeben und es von diesem in Trost verwandeln lassen.

Draußen am Feuer:

V Feuer verbrennt das Holz zu Asche, aber es spendet Licht und Wärme. So möge es auch Ihre Trauer wandeln in Trost und Leben.

Allmächtiger, ewiger Gott,
du hast das Feuer erschaffen, das Licht und Wärme spendet, ohne das es kein Leben gäbe. Segne dieses Feuer, das die Nacht erhellt. Wandle die Dunkelheit der Trauer in das österliche Licht, den Schmerz des Getrenntseins in die österliche Wärme und den Tod unserer Kinder in das österliche Leben. Lass uns mit frohem Herzen zum ewigen Osterfest gelangen. Darum bitten wir durch Christus, unseren Herrn.
A Amen.

Die trauernden Eltern übergeben ihre Zeichen der Trauer dem Feuer. Es warten alle, bis zumindest das Papier restlos zu Asche verbrannt ist.

Schlusssegen
V Zum Abschluss erbitte ich für Sie den Segen Gottes.
Der Herr wandle eure Trauer in Freude, euren Schmerz in Wohlergehen, eure Kraftlosigkeit in Stärke, eure Mutlosigkeit in Zuversicht, eure Ohnmacht in Hoffnung, das Getrenntsein von euren Kindern in das österliche Wiedersehen in seinem Reich. Das gewähre euch der dreieinige Gott, der Vater und der Sohn und der Heilige Geist.
A Amen.

Trost-Gottesdienst im November

Der Trost-Gottesdienst im November kann in ähnlicher Weise gehalten werden, wie der Trost-Gottesdienst am Palmsonntag. Einzig die Passionsgeschichte entfällt. Stattdessen kann einer der folgenden Bibeltexte ausgewählt werden:

Koh 3,1–8	*Alles hat seine Zeit*
Jes 49,15	*Ich vergesse dich nicht*
Lk 24,1–8	*Was sucht ihr den Lebenden bei den Toten?*
Röm 8,35.38f	*Was kann uns scheiden von der Liebe Christi?*
1 Kor 13,8–13	*Die Liebe endet nie*

Worldwide Candlelighting

Worldwide Candlelighting erfolgt seit 1998 jährlich am 2. Sonntag im Dezember. Um 19 Uhr Ortszeit wird weltweit der verstorbenen Kinder gedacht und es werden für sie Kerzen angezündet. In den Wohnungen werden die Kerzen ins Fenster gestellt. In Pfarreien werden sie auf dem Friedhof an das Grab gestellt.

Für diese Form des Trost-Gottesdienstes sind entsprechend der Teilnehmerzahl ausreichend Kerzen mit Windlichtern und die Osterkerze bereitzustellen, damit jede(r) Trauernde eine Kerze an der Osterkerze entzünden und am Grab abstellen kann.

Es sollten zwei Blätter ausgelegt werden, auf die die Eltern die Namen der verstorbenen Kinder aufschreiben können. Diese werden zu Beginn der Fürbitten, am Grab oder am Ende des Trost-Gottesdienstes vorgelesen.

Lieder können nach eigener Wahl eingefügt werden.

Eröffnung
V Im Namen des Vaters und des Sohnes und des Heiligen Geistes.
A Amen.
V Trost, Friede und Heil des menschgewordenen Gottes sei mit euch.
A Und mit deinem Geiste.
V Liebe Trauernde, ich begrüße Sie zu dieser Gedenkfeier. Seit 1998 gedenken weltweit trauernde Eltern ihrer verstorbenen Kinder. Mit ihnen allen wissen wir uns nun verbunden. In besonderer Weise wissen Sie sich Ihrem Kind verbunden. In einer kurzen Stille können Sie es hier her mit einladen.

kurze Stille

Kyrierufe
V Rufen wir Gott um sein Erbarmen an:

Weltweit trauern Millionen von Eltern um ihre toten Kinder.
Herr, erbarme dich.
A Herr, erbarme dich.
V Jedes dieser Kinder fehlt den Eltern.
Christus, erbarme dich.
A Christus, erbarme dich.

V Zerrissen und tief verletzt ist das Herz der Eltern.
   Herr, erbarme dich.
A Herr, erbarme dich.
V Der barmherzige Gott erbarme sich unser, er stehe uns bei mit seiner Kraft und führe uns zum ewigen Leben.
A Amen.

Gebet
V Herr, unser Gott,
   wir gedenken heute weltweit der verstorbenen Kinder. Auch dein Sohn starb, aber er ist nicht im Tod geblieben, sondern zum Leben auferstanden. Lass auch unsere Kinder in deiner Liebe geborgen sein. Darum bitten wir durch Christus, unseren Herrn.
A Amen.

Rabbinische Geschichte
Ein Rabbi hatte zwei Söhne. Beide wurden von einer Schlange gebissen und starben. Die Mutter wusch ihre beiden Körper und legte sie schön angezogen in ihr Betten. Als der Rabbi zum Mittagessen nach Hause kam fragte ihn seine Frau: „Heute kam ein Mann vorbei, der mir vor Jahren etwas geliehen hatte. Er forderte es zurück. Ich habe es ihm gegeben. Habe ich recht gehandelt?" Der Rabbi antwortete: „Ja, du hast recht gehandelt, denn er hat es dir nur geliehen." Als der Rabbi nach seinen Söhnen fragte, sagte seine Frau: „Diese kommen später." So nahm der Rabbi zusammen mit seiner Frau das Mittagessen ein. Danach führte ihn seine Frau in das Zimmer der Söhne. Als der Rabbi seine toten Söhne sah, weinte er heftig. Da sagte ihm seine Frau: „Hast du nicht gesagt, dass es in Ordnung war, das zurück zu geben, was nur geliehen war?"
(nacherzählt)

Fürbitten
V Der Prophet Jesaja schrieb: „Das Volk, das im Dunkeln lebt, sieht ein helles Licht" (Jes 9,1). Dieses Licht ist für uns Jesus Christus, der von sich sprach: „Ich bin das Licht der Welt. Wer mir nachfolgt, wird nicht in der Finsternis umhergehen, sondern wird das Licht des Lebens haben." (Joh 8,12) Besonders durch seine Auferstehung brachte er uns Licht in die Finsternis des Todes. Dies feiern wir in der Osternacht, wenn wir feierlich mit der am Osterfeuer entzündeten Osterkerze einziehen und singen: „Lumen Christi" – Christus, das Licht.
   So haben wir hier die Osterkerze als Sinnbild für Jesus Christus aufgestellt, das Licht der Welt. Wir werden bei jeder Fürbitte eine Kerze

anzünden. Am Ende der Fürbitten können Sie mit Ihren ganz persönlichen Anliegen und Bitten nach vorne kommen und ebenfalls eine Kerze an der Osterkerze anzünden. Diese können Sie anschließend auf das Grab stellen oder mit nach Hause nehmen.

V Lasst uns Gott bitten für die verstorbenen Kinder und ihre Eltern.
L Herr, unser Gott, auf der ganzen Welt gedenken heute Eltern ihrer verstorbenen Kinder. Sei du ihnen nahe mit deiner Liebe.
A Wir bitten dich, erhöre uns.
L Schwer tragen die Eltern an ihrem Schicksal. Stärke sie mit deiner Kraft.
A Wir bitten dich, erhöre uns.
L Oftmals werden diese Kinder rasch vergessen, nicht aber von den Eltern. Stelle ihnen Menschen zur Seite, die mit ihnen um ihr Kind trauern.
A Wir bitten dich, erhöre uns.
L Der Tod eines Kindes verfinstert das Leben der Eltern. Sei du ihnen Licht und erhelle ihr Leben.
A Wir bitten dich, erhöre uns.
L Der Tod hat den Eltern ihre Kinder entrissen, doch in deiner Hand sind sie alle geborgen. Schenke den Kindern all die Liebe, die die Eltern ihnen gerne selbst gegeben hätten.
A Wir bitten dich, erhöre uns.
V Sie können nun nach vorne kommen und in Stille selbst eine Kerze für Ihre Anliegen an der Osterkerze entzünden.

Nachdem alle Mitfeiernden eine Kerze an der Osterkerze entzündet haben:

Vaterunser-Gebet
V Ich bitte Sie alle, die Kerze in die rechte Hand zu nehmen und auf Schulterhöhe zu halten. Mit der linken Hand stützen Sie die rechte Hand Ihres Nachbarn. Dies soll die weltweite Verbundenheit aller trauernden Eltern zum Ausdruck bringen. Es ist auch ein Zeichen, dass Sie in Ihrer Trauer nicht allein sind und sich von anderen stützen lassen dürfen.

Lasst uns beten, wie Jesus seine Jünger zu beten gelehrt hat:
A Vater unser im Himmel …,

V Wir gehen nun nach draußen an die Gräber der Kinder, werden dort die Namen der Kinder vorlesen und den Segen Gottes erbitten.

Am Grab
V Gütiger Gott, bei dir wissen wir unsere Kinder: ….

Namen der Kinder vorlesen.

V Für all ihre Kinder wie auch für Sie alle erbitte ich den Segen Gottes. Der gütige Gott erleuchte die Finsternis eurer Trauer, er begleite euch auf eurem Weg der Tränen, er führe euch Menschen zu, die mit euch um euer Kind trauern, er führe euch am Ende eures Lebens mit euren Kindern zusammen in seinem Reich ohne Tränen, ohne Leid und ohne Tod. Das gewähre euch der dreifaltige Gott, der Vater und der Sohn und der Heilige Geist.
A Amen.

Trost-Weihnacht

Die Trost-Weihnacht ist für alle Trauernden konzipiert, nicht nur für trauernde Eltern.

Lied
   Stern über Betlehem, 1. und 2. Strophe *(TR 495)*

Eröffnung
V Im Namen des Vaters und des Sohnes und des Heiligen Geistes.
A Amen.
V Trost, Friede und Heil des menschgewordenen Gottes sei mit euch.
A Und mit deinem Geiste.
V Liebe Trauernde, ich begrüße Sie zu dieser Trost-Weihnacht. Wir können Ihnen Ihren geliebten Menschen nicht zurückgeben. Wir wollen aber im Rahmen von Weihnachten Ihrer Trauer einen geeigneten Platz geben.
Mit der Geburt Jesu Christi brachte Gott Licht in unsere Welt. 1986 begann in Österreich die Initiative „Licht aus Betlehem". Dabei wird in der Adventszeit ein Kerzenlicht an der Geburtsgrotte in Betlehem entzündet, nach Österreich gebracht und dort verteilt. Seit 1994 beteiligen sich die deutschen Pfadfinder an dieser Aktion und bringen das Friedenslicht aus Betlehem am 3. Adventsonntag in die deutschen Großstädte.
Seit Heilig Abend steht dieses Friedenslicht bei uns an der Krippe. Ich werde nun von dort eine Flamme holen und damit die Osterkerze anzünden. Sie steht für uns als Zeichen für Jesus Christus, der in unserer Mitte ist.

Anzünden der Osterkerze mit dem Friedenslicht aus Betlehem.

Liebe Trauernde, „fröhliche Weihnachten", so lautet der Gruß dieser Tage. Doch wie soll man fröhlich sein, wenn man um einen lieben Menschen trauert? Wie soll man fröhlich sein, wenn dieser Mensch erst vor kurzem verstarb? Wie soll man fröhlich sein, wenn er in der Weihnachtszeit starb und jetzt die Erinnerung daran in voller Stärke hoch kommt? Wir wollen versuchen, Ihrer Trauer, aber auch Weihnachten Raum zu geben. Dass uns diese gelinge, dazu helfe uns Gott.

Recht auf Trauer

L Sie haben ein Recht auf Ihre Trauer.
Gleichgültig, welches kirchliche oder gesellschaftliche Fest gefeiert wird,
Sie haben ein Recht auf Ihre Trauer.
Einerlei, wie viel Jahre der Tod Ihres Verstorbenen zurückliegt,
Sie haben ein Recht auf Ihre Trauer.
Unerheblich, wie Sie zu dem Verstorbenen gestanden haben,
Sie haben ein Recht auf Ihre Trauer.
Nichtig, wie alt Ihr Verstorbener wurde,
Sie haben ein Recht auf Ihre Trauer.
Diese Trauer kann Ihnen niemand nehmen,
kein Mensch und keine Macht der Welt.

Psalm 22

L Mein Gott, mein Gott, warum hast du mich verlassen,
bist fern meinem Schreien, den Worten meiner Klage?
Mein Gott, ich rufe bei Tag, doch du gibst keine Antwort;
ich rufe bei Nacht und finde doch keine Ruhe.
Von Geburt an bin ich geworfen auf dich,
vom Mutterleib an bist du mein Gott.
Sei mir nicht fern, denn die Not ist nahe,
und niemand ist da, der hilft.
Meine Kehle ist trocken wie eine Scherbe,
die Zunge klebt mir am Gaumen,
du legst mich in den Staub des Todes. *(Ps 22,2f.11f.16)*

oder

Klagerufe der Trauernden

Damit es nicht so monoton klingt, sollten die Klagen von zwei Lektorinnen oder Lektoren vorgelesen werden.

V „Unter jedem Dach ein Ach." So kennt es ein deutsches Sprichwort. Wir hören einen Auszug aus dem Leid dieser Welt. Die Kinder stehen hier stellvertretend für alle Verstorbenen:
L_1 Ich klage darüber, dass mein Kind während der Schwangerschaft starb.
L_2 Ich klage darüber, dass ich in meiner Ausweglosigkeit mein Kind abgetrieben habe.
L_1 Ich klage darüber, dass mein Kind während der Geburt verstarb.

- L₂ Ich klage darüber, dass mein Kind kurz nach der Geburt plötzlich verstarb.
- L₁ Ich klage darüber, dass meine Ehefrau bei der Geburt verstorben ist.
- L₂ Ich klage darüber, dass mein Kind an den Folgen einer Krankheit starb.
- L₁ Ich klage darüber, dass mein Kind bei einem Unfall verstarb.
- L₂ Ich klage darüber, dass mein Kind Opfer eines Gewaltverbrechens wurde.
- L₁ Ich klage darüber, dass mein Leben durch den Tod meines Kindes eine solche Wendung genommen hat.
- L₂ Ich klage darüber, dass meine Umwelt mir so wenig Anteilnahme entgegenbringt.
- L₁ Ich klage darüber, dass meine Mitmenschen mir so wenig Zeit zum Trauern lassen.
- L₂ Ich klage darüber, dass ich von meinen Mitmenschen so wenig Trost erfahre.
- L₁ Ich klage darüber, dass ich mich in meiner Trauer so alleingelassen fühle.
- L₂ Ich klage darüber, dass mir mein Kind fehlt.
- V Herr, unser Gott, höre und erhöre unsere Klagen, mit denen wir voll Vertrauen zu dir kommen. Darum bitten wir durch Christus, unseren Herrn.
- A Amen.

Lied
Stern über Betlehem , 3. und 4. Strophe *(TR 495)*

Weihnachtsgeschichte
- L Wir hören nun eine Weihnachtsgeschichte, die zwar mit biblischen Worten beginnt, aber dann mit einer freien Geschichte endet. Es ist die Geschichte eines Menschen, der seine eigenen Erfahrungen mit Gott gemacht hat:

In jenen Tagen erließ Kaiser Augustus den Befehl, alle Bewohner des Reiches in Steuerlisten einzutragen. Dies geschah zum ersten Mal; damals war Quirinius Statthalter von Syrien. Da ging jeder in seine Stadt, um sich eintragen zu lassen. So zog auch Josef von der Stadt Nazaret in Galiläa hinauf nach Judäa in die Stadt Davids, die Betlehem heißt; denn er war aus dem Haus und Geschlecht Davids. Er wollte sich eintragen lassen mit Maria, seiner Verlobten, die ein Kind erwartete. Als sie dort waren, kam für Maria die Zeit ihrer Niederkunft, und sie gebar ihren Sohn, den Erstgeborenen.

Sie wickelte ihn in Windeln und legte ihn in eine Krippe, weil in der Herberge kein Platz für sie war. In jener Gegend lagerten Hirten auf freiem Feld und hielten Nachtwache bei ihrer Herde. Da trat der Engel des Herrn zu ihnen, und der Glanz des Herrn umstrahlte sie. Sie fürchteten sich sehr, der Engel aber sagte zu ihnen: Fürchtet euch nicht, denn ich verkünde euch eine große Freude, die dem ganzen Volk zuteilwerden soll: Heute ist euch in der Stadt Davids der Retter geboren; er ist der Messias, der Herr. Und das soll euch als Zeichen dienen: Ihr werdet ein Kind finden, das, in Windeln gewickelt, in einer Krippe liegt. Und plötzlich war bei dem Engel ein großes himmlisches Heer, das Gott lobte und sprach: Verherrlicht ist Gott in der Höhe, und auf Erden ist Friede bei den Menschen seiner Gnade. Als die Engel sie verlassen hatten und in den Himmel zurückgekehrt waren, sagten die Hirten zueinander: Kommt, wir gehen nach Betlehem, um das Ereignis zu sehen, das uns der Herr verkünden ließ. (Lk 2,1–15)

So brachen die Hirten auf, um nach Betlehem zu gehen und zu sehen, was ihnen der Engel verheißen hatte. Auch Benjamin, der kleine Junge, ging mit ihnen. Als sie ein Stück des Weges gegangen waren, sagte er sich: Ich kann doch nicht ohne ein Geschenk kommen. So kehrte er schnell um, lief zu seinem Zelt und suchte nach etwas Passendem. Im hellen Mondlicht fand er einen verzierten Topf, den er als Geschenk bringen wollte. Rasch wickelte er ihn in ein Tuch und eilte den anderen Hirten nach. Er hatte sie schon fast eingeholt, da stürzte er der Länge nach hin. Ein gedämpftes Scheppern ließ ihn erahnen, was geschehen war. Als er das Tuch öffnete, sah er den Krug in Scherben. Diese wollte er jedoch so nicht rumliegen lassen. Damit sich niemand verletzte, packte er schnell das Tuch wieder zu und eilte den anderen Hirten nach. Er hatte sie soeben eingeholt, als sie zu dem Stall kamen. Sie fanden alles so vor, wie es ihnen der Engel gesagt hatte, Maria, Josef und das Kind in der Krippe. Benjamin blickte verschämt von hinten zur Krippe. Er sah das Kind, und es war ihm als streckte ihm das Kind seine Arme entgegen. Unsicher, aber sich angezogen fühlend, ging er nach vorne. Als Benjamin vor der Krippe stand, streckte ihm das Kind noch immer seine kleinen Arme entgegen. Benjamin hatte das Gefühl, dass es auf sein Geschenk wartete, aber sein Krug war zerbrochen. Schließlich überreichte Benjamin das Tuch mit den Tonscherben dem Kind. Das Kind drückte das Tuch an sich, schloss kurz die Augen und streckte dann das Tuch wieder Benjamin entgegen. Benjamin verstand erst nicht. – Sollte er sein Geschenk wieder zurücknehmen? Schließlich nahm er das Tuch und ging wieder nach hinten. Als er in das Tuch blickte, da war der Krug wieder ganz.

(nacherzählt)

Lied
    Engel auf den Feldern singen *(Liederbücher)*

Das Zerbrochene heilen und die Schuld nehmen lassen
    Vor der Krippe:

V   Der Tod eines geliebten Menschen lässt in uns oft etwas zerbrechen, bringt etwas in Unordnung. Manchmal löst der Tod eines geliebten Menschen auch Schuldgefühle aus. Oft sind es Gefühle, für die es keinen objektiven Grund gibt. Sie sind jedoch genauso wirksam. Wie in der gehörten Weihnachtsgeschichte laden wir Sie ein, nach vorne zur Krippe zu kommen und alles Zerbrochene Ihres Lebens wieder heil werden zu lassen.

Lasst uns beten: Mit den Zerbrochenheiten unseres Lebens kommen wir zu dir. Lass uns ruhig werden und bringe das in Ordnung, was nicht in Ordnung ist. Lasse uns Vergebung und Trost empfangen. Darum bitten wir durch Christus, unseren Herren.
A   Amen.

Stationen
    Hier können die gewünschten Stationen (siehe S. 154ff.)
    eingesetzt werden.

V   Sie haben nun gute 15 Minuten Zeit, sich zu den verschiedenen Stationen zu begeben. Sie können einen Brief an Gott oder Ihren Verstorbenen verfassen. Sie können die ungeweinten Tränen weinen oder sich mit Maria solidarisieren. Sie können sich von Gott umarmen lassen oder an sich von Gott Heil geschehen lassen.

Für 15–20 Minuten meditative Musik spielen (evtl. von CD).

Fürbitten
V   Jesus, menschgewordener Sohn Gottes, wir feiern dein Geburtsfest. Du warst es, der uns Menschen gelehrt hat, dass nicht der Tod das letzte Wort hat, sondern das Leben. So wissen wir unsere Verstorbenen in deiner Liebe geborgen. Voller Vertrauen kommen wir mit unseren Bitten zu dir.
L   Herr, unser Gott, wir trauern um Menschen, die gestorben sind und die wir nun bei dir wissen.

Wenn die Namen der Verstorbenen zuvor in Listen eingetragen wurden, werden die Namen an dieser Stelle vorgelesen (vgl. S. 154)

    Lass sie in deiner Liebe geborgen sein.
A Wir bitten dich, erhöre uns.
L Weihnachten ist das Fest des Friedens. Lass uns Frieden finden in unserer Trauer.
A Wir bitten dich, erhöre uns.
L Weihnachten ist das Fest der Freude über deine Menschwerdung. Lass uns in unserer Trauer Anteil haben an dieser Freude.
A Wir bitten dich, erhöre uns.
L Weihnachten ist das Fest der Versöhnung. Lass uns Versöhnung erfahren mit Gott, mit unseren Mitmenschen und mit uns selbst.
A Wir bitten dich, erhöre uns.
L Weihnachten ist das Fest der Familie. Lass uns mit unseren Verstorbenen verbunden bleiben mit dem Band der Liebe.
A Wir bitten dich, erhöre uns.
L Weihnachten ist das Fest der Hoffnung. Schenke uns die Hoffnung, dass schon in dieser Welt ein Leben in Fülle auf uns wartet.
A Wir bitten dich, erhöre uns.
L Tragen wir in einer kurzen Stille alle unsere ganz persönlichen Anliegen vor Gott.

kurze Stille

A Wir bitten dich, erhöre uns.
L Höre unsere Bitten, mit denen wir vertrauensvoll zu dir kommen. Erhöre sie und wandle sie uns zum Trost. Darum bitten wir durch Christus, unseren Herrn.
A Amen.

L Lasst und gemeinsam beten, wie Jesus es seine Jünger gelehrt hat:
A Vater unser im Himmel …,

Psalm 23
L Der Herr ist mein Hirte, nichts wird mir fehlen.
    Er lässt mich lagern auf grünen Auen
    und führt mich zum Ruheplatz am Wasser.
    Er stillt mein Verlangen;
    er leitet mich auf rechten Pfaden, treu seinem Namen.

Muss ich auch wandern in finsterer Schlucht,
ich fürchte kein Unheil; denn du bist bei mir,
dein Stock und dein Stab geben mir Zuversicht.
Du deckst mir den Tisch vor den Augen meiner Feinde.
Du salbst mein Haupt mit Öl,
du füllst mir reichlich den Becher.
Lauter Güte und Huld werden mir folgen mein Leben lang,
und im Haus des Herrn darf ich wohnen für lange Zeit.

Lied
O du fröhliche (GL-Diözsesananhänge)

Recht auf Leben
L Sie haben ein Recht auf Leben!
Egal, wie tragisch oder gewöhnlich der Tod Ihres Verstorbenen war,
Sie haben ein Recht auf Leben!
Gleichgültig, was die Menschen um Sie herum sagen,
Sie haben ein Recht auf Leben!
Unerheblich, wie wenig Zeit seit dem Tod Ihres Verstorbenen
vergangen ist,
Sie haben ein Recht auf Leben!
Ungeachtet, was die Menschen um Sie herum denken,
Sie haben Recht auf Leben!
Dieses Recht kann Ihnen niemand absprechen,
kein Mensch und keine Macht der Welt!

Segen
V Der Prophet Jesaja schrieb: „Das Volk, das im Dunkeln lebt, sieht ein helles Licht" (Jes 9,1). Dieses Licht ist für uns Jesus Christus, der von sich sprach: „Ich bin das Licht der Welt. Wer mir nachfolgt, wird nicht in der Finsternis umhergehen, sondern wird das Licht des Lebens haben." (Joh 8,12) Besonders durch seine Auferstehung brachte er uns Licht in die Finsternis des Todes, indem auch wir auf unsere Auferstehung hoffen dürfen. Dies feiern wir in der Osternacht, wenn wir feierlich mit der am Osterfeuer entzündeten Osterkerze in die Kirche einziehen und singen: „Lumen Christi" – Christus, das Licht. So haben wir hier die Osterkerze als Sinnbild für Jesus Christus, dem Licht der Welt, aufgestellt. Jeder von ihnen ist nach dem Segen eingeladen, daran ein Teelicht zu entzünden und mit nach Hause zu nehmen. Möge dieses Licht aus Betlehem, an dem die Osterkerze entzündet wurde, die Finsternis Ihrer Trauer erhellen.

So will ich nun den Segen Gottes für Sie erbitten:
Jesus, du Licht der Welt, voll Vertrauen bitten wir dich: Erleuchte die Finsternis der Trauernden, sei ihnen Licht auf ihrem Weg durch die Trauer.

Nur die Teile nennen, die zuvor in den Stationen vorgekommen sind:

- Sei ihnen Klagemauer, wo sie bisher nicht gewagt haben zu klagen,
- überbringe den Verstorbenen die Worte, die nicht ausgesprochen waren,
- öffne ihnen die Schleusen der Tränen, wo sie bisher verschlossen waren,
- lass sie sich nicht nur an den Tod erinnern, sondern auch an das Leben davor.
- stärke sie mit dem, was sie täglich brauchen,
- nimm ihnen die Lasten ab,
- zeige ihnen, dass du sie nicht verlassen hast,
- führe verständnisvolle Menschen zu ihnen, die ihnen Halt und Trost geben,
- lass sie Segen empfangen,
- nimm von ihnen alle Schuld und Selbstvorwürfe,
- geleite sie zum kreativen Umgang mit ihrer Trauer,
- vereine ihr Leid mit dem Leid Jesu,
- zeige ihnen, dass der Tod das Tor zum Leben bei dir ist,
- bringe bei ihnen das in Ordnung, was durch diesen Tod in Unordnung geraten ist,
- nimm die Verstorbenen auf in deine grenzenlosen Liebe.

Dazu segne euch der dreieinige Gott, der Vater und der Sohn und der Heilige Geist.

Anhang

Gebete

Während der Schwangerschaft verstorben

1

Das Leben geht weiter", so höre ich die Menschen sagen, doch mein Leben steht seither still. „Du bis ja noch jung", damit wollen sie mich trösten, doch ich trauere um mein Kind. „Du kannst noch viele Kinder bekommen", soll Zukunft aufzeigen, doch die ist mit meinem Kind gestorben. „Sei froh, das Kind war sicherlich behindert", soll den Schmerz nehmen, doch der Schmerz um unser verstorbenes Kind ist grenzenlos. „Du schaffst das schon", trauen sie mir zu, doch eine Hilfestellung dazu wird nicht gegeben. „Schau nach vorne!", fordern sie von mir, doch ich habe nur den Tod meines Kindes im Sinn. „Das Leben geht weiter", versuchen sie mich zu bewegen, doch wie kann es ein Leben geben, wenn mein Kind tot ist?! Herr, ich weiß, dass sie es mit diesen Worten gut meinen, doch sie helfen nicht und trösten nicht. Herr, mein Gott, verlasse du mich nicht. Du kennst den Schmerz, wenn das eigene Kind stirbt. Schenke mir Hoffnung, dass das Leben weiter geht. Steh mir bei mit deiner Kraft, dass ich diesen Weg gehen kann. Begleite mich auf diesem Weg, damit ich mich nicht alleine fühle. Leite mich auf meinem Weg, damit ich die richtigen Entscheidungen treffe. Fülle mich aus mit deiner Liebe, damit ich wieder Leben in Fülle finden kann.

2

Herr, unser Gott,
die Eltern müssen N. hergeben, auf *den/die* sie sich gefreut hatten. Sie müssen loslassen, *den/die* sie so gerne behalten hätten. Sie müssen verabschieden, *den/die* sie so gerne begrüßt hätten. Sie müssen aushändigen, *den/die* sie so gerne in den Armen gehalten hätten. Sie müssen dir übergeben, *den/die* sie ihr Kind nennen. Wir bitten dich, steh den Eltern bei und schenke N. all die Liebe, die die Eltern *ihm/ihr* so gerne selbst gegeben hätten.

3

Herr, unser Gott,
Herr über Leben und Tod, Herr über Zeit und Ewigkeit. Für dich zählt nicht die Anzahl der Atemzüge, um ein Mensch zu sein. Auch mit nur wenigen Herzschlägen ist ein Kind für dich ein voller Mensch. Auch wenn das Kind nur auf dem Ultraschallbild zu sehen war, du kanntest es schon zuvor. Nun ist N. gestorben. Die Eltern konnten sich nicht recht von *ihm/ihr* verabschieden. Wir empfehlen *ihn/sie* dir an, bis wir uns wiedersehen in deinem Reich.

4

Gott, unser Vater,
N. ist nur … Wochen alt geworden. Viel zu früh musste *er/sie* sterben. Wir konnten *ihn/sie* gar nicht kennenlernen, schon kam der Tod. Manche meinen, da war ja noch nichts, nur ein Zellhaufen. Für uns jedoch ist ein Mensch gestorben, um den getrauert werden darf. Wir tragen nun nicht nur N. zu Grabe, sondern auch all unsere Zukunftspläne, die wir mit *ihm/ihr* hatten. Sei du mit allen, die um N. trauern, und stehe ihnen bei. Darum bitten wir dich durch Christus, unseren Herrn.

5

Herr, unser Gott,
Herr über Leben und Tod, Herr über Zeit und Ewigkeit. Dein ist der Anfang und dein ist das Ende. Für uns Menschen ist die Zeit dazwischen unser Leben. Der Anfang und das Ende lagen bei N. sehr nahe zusammen. Für die Eltern von N. ist dies ein großer Schmerz. Stehe du ihnen bei auf ihrem Weg durch diese Trauer. Stärke und leite sie durch deine Gegenwart. Darum bitten wir dich durch Christus, unseren Herrn.

Nach der Geburt verstorben

6

Herr, unser Gott,
N. ist im Alter von … *Stunden/Tagen/Wochen/Monaten/Jahren* gestorben. Ein Leben ging damit zu Ende, das erst im Begriff war zu wachsen. Wir stehen nun an *seinem/ihrem* Sarg und können es nicht fassen. *Er/Sie* gehörte schon zum Leben der Familie X. und hat es geprägt. Es fällt uns daher schwer, N. nun dir zu übergeben. Nimm N. in aller Liebe auf. Darum bitten wir dich durch Christus, unseren Herrn.

7

Herr, unser Gott,
du bist allen nahe, die zu dir rufen. Auch wir rufen zu dir aus Not und Leid. Lass uns nicht versinken in Mutlosigkeit und Verzweiflung, sondern tröste uns in unserer Trauer. Gib uns die Kraft deiner Liebe, die stärker ist als der Tod. Mit unseren Verstorbenen führe auch uns zum neuen und ewigen Leben bei dir. Darum bitten wir durch Christus, unseren Herrn.

8

Es gibt Ereignisse, die will man nicht erleben, nach denen will man nicht mehr leben. Der Tod eines Kindes gehört dazu.

9

Herr, unser Gott,
uns ist geschehen, was wir nie für möglich gehalten haben. Uns hat getroffen, was wir nur bei anderen sahen. Wir müssen erleiden, was wir verhindern wollten: Unser Kind ist tot.
Mit ihm starb unsere Freude, dass das Leben schön ist. Mit ihm starb unsere Hoffnung, dass Leben lebenswert ist. Mit ihm starb unser Leben.
Herr, stehe uns bei in all unserer Trostlosigkeit. Ermutige uns in all unserer Hoffnungslosigkeit. Stärke uns in all unserer Trauer. Darum bitten wir dich durch Christus, unseren Herrn

10

Wo warst du, Gott, als unser Kind starb? Konntest du in deiner Allmacht den Tod von N. nicht verhindern? Warum müssen wir N. beerdigen, obwohl wir ihn/sie so sehr geliebt haben? Herr, Fragen über Fragen und keine Antwort von Dir. Wir tun uns mit dir seit dem Tod von N. sehr schwer. Du bist uns durch den Tod von N. so fremd und so fern geworden. Stelle uns ein Licht auf, dass wir wieder zu dir finden. Schenke uns die Kraft, dass wir diesen Weg gehen können. Stehe uns bei, damit wir uns nicht so alleine fühlen. Lasse uns deine Gegenwart immer wieder erfahren, damit wir dir wieder trauen können. Darum bitten wir dich durch Christus, unseren Herrn.

11

Allmächtiger Gott,
was sollen wir sagen, angesichts des Todes von N.? Was können wir machen mit unserer Wut, außer sie dir hinhalten? Wohin können wir uns wenden mit unserer Verzweiflung, außer an dich? Wer kann den Trennungsschmerz lindern, außer die Hoffnung auf das Wiedersehen in deinem Reich? Wer kann uns zur Ruhe kommen lassen, wenn nicht du? Stehe uns bei in unserer Trauer und stärke uns. Darum bitten wir dich durch Christus, unseren Herrn.

12

Herr, unser Gott,
der Tod von N. wirft für uns viele Fragen auf, deren Antwort wir nicht kennen. Allwissender Gott, warum musste N. sterben? Allmächtiger Gott, konntest du den Tod von N. nicht verhindern? Liebender Gott, wo ist angesichts des Todes von N. deine Liebe? Unbegreiflicher Gott, wir tun uns durch den Tod von N. schwer mit dir. Wir wissen seither nicht, wie wir mit dir umgehen sollen. Wir wissen nicht, wie wir mit dem Tod von N. weiterleben können. Lass uns deine Gegenwart erfahren und begleite uns auf unserem weiteren Lebensweg. Darum bitten wir dich durch Christus, unseren Herrn.

13

Mitten im Leben verstellt uns der Tod den Weg. Am Anfang von N.s Leben, kam für ihn/sie das Aus. N. starb vor den Eltern und Großeltern. Die Welt und ihre Ordnung stehen auf dem Kopf. Nichts ist mehr sicher, alles erscheint möglich. Auch dich, Gott, stellen wir in Frage. Zeige dich uns, damit wir an dich glauben können. Lass uns dich erfahren, damit wir dir vertrauen können. Stehe uns bei, damit wir wieder auf dich bauen können. Darum bitten wir dich durch Christus, unseren Herrn.

14

Herr, unser Gott,
rat- und hilflos stehen wir heute vor dir. Wir trauern um N., dessen/deren Tod wir weder begreifen können noch annehmen wollen. N. wurde in Liebe erschaffen, nun müssen wir ihn/sie loslassen. N. wurde sehnsüchtig erwartet, nun müssen wir ihn/sie gehen lassen. N. war für die Eltern der Inbegriff der Zukunft, nun bleibt nur die Erinnerung an die Vergangenheit. Lass uns nicht allein in dieser schweren Zeit. Darum bitten wir dich durch Christus, unseren Herrn.

15

Herr, unser Gott,
der Tod von N. widerspricht all unseren Erfahrungen. Grenzenlos ist unsere Trauer, unsagbar ist unser Schmerz. Unermesslich ist unsere Wut, unnennbar unser Zorn. Unfassbar ist unsere Ohnmacht, unaussprechlich unsere Not. Unendlich sind unsere Fragen, unsäglich unsere Angst. Wir müssen N. bestatten, wissen aber nicht warum. Wir müssen mit seinem/ihrem Tod leben, wissen aber nicht wie. Wir müssen getrennt von ihm/ihr leben, sehen uns aber dazu nicht im Stande. Herr, stehe uns bei in unserer Not und stärke uns. Tröste uns und leite uns gut durch unser Leben. Darum bitten wir dich durch Christus, unseren Herrn.

16

Gott der Türen und der Herzen,
wir hatten die Tür unseres Herzens weit geöffnet, um N. willkommen zu heißen. Nun müssen wir sie öffnen, um ihn/sie wieder gehen zu lassen. Öffne du nun ihm/ihr die Tür deines liebevollen Herzens. Fülle du den leeren Platz in unserem Herzen und tröste uns. Darum bitten wir dich durch Christus, unseren Herrn.

17

Gott, du guter Hirt und Wegbegleiter,
N. ist gestorben. Damit kam die Finsternis auch am helllichten Tag in unser Leben. Die Farben gingen verloren, der Klang verhallt nun lautlos. In der Finsternis unserer Trauer können wir den nächsten Schritt nicht sehen. Nimm du uns an der Hand und führe uns wieder in das Licht, in das Land der kräftigen Farben und der wohltuenden Klänge. Darum bitten wir dich durch Christus, unseren Herrn.

18

Herr, Jesus Christus,
du Licht der Welt. Mit dem Tod von N. brach Finsternis in unsere Welt. Die Eltern von N. wissen nicht, wie es weiter gehen soll. Sie spüren nur Trauer und Schmerz und können es nicht fassen. Sei Familie X. und ihren Angehörigen Licht in der Finsternis ihrer Trauer. Gib ihnen Orientierung und Kraft, den nächsten Schritt zu machen. Begleite sie durch das finstere Tal der Trauer und führe sie wieder dem Leben in Fülle zu. Darum bitten wir dich durch Christus, unseren Herrn.

Bei einem Kind, das nach schwerer Krankheit gestorben ist

19

N. ist gestorben. Das schmerzt uns sehr. Doch *er/sie* ging aus unserer Welt in deine Welt, aus der Welt des Vergänglichen in die Welt des Ewigen, aus der Welt der Leiden in die Welt der Erlösung, aus der Welt der Krankheiten in die Welt des Heils, aus der Welt des Glaubens in die Welt des Schauens, aus der Welt des Todes in die Welt des Lebens. Herr, lass *ihn/sie* leben bei dir.

Am offenen Grab

20

Himmlischer Vater,
unsere Augen sehen das offene Grab, in das wir N. bestattet haben. Unser Glaube sieht N. damit in deine liebenden Hände übergeben. Für unsere Augen geht hier ein kurzer Lebensweg zu Ende. Für unseren Glauben beginnt hier die Erwartung auf das Wiedersehen in deinem Reich. Erhalte uns in dieser Hoffnung und stehe uns bei auf unserem Weg der Trauer. Stelle uns Menschen zur Seite, die mit uns um N. trauern und mit uns auf das Wiedersehen in deinem Reich vertrauen. Darum bitten wir dich durch Christus, unseren Herrn.

21

Wir bitten dich um Kraft, die uns stärkt, um Glauben, der uns nicht verloren geht und um Hoffnung, die uns trägt und hält.

22

Der Tod hat uns getrennt. Der Tod wird uns auch wieder vereinen.

23

Herr, unser Gott,
durch den Tod von N. hat sich im Leben der Familie X. alles verändert. Nichts ist mehr so wie es war. Nichts wird wieder so werden, wie es zuvor war. Die Freude auf N. wandelte sich in Klage um *ihn/sie*. Wir versammeln uns nicht zur geplanten Taufe, sondern zum ungeplanten Begräbnis. Die Eltern tragen N. nicht auf den Armen, sondern zu Grabe. Die Wiege bleibt leer, dafür ist ein Grabstein zu setzen. Die Zukunft von N. wurde zur Erinnerung an *seine/ihre* kurze Erdenzeit. Wir bitten dich, bleibe du bei den Eltern (und Geschwistern) von N. und begleite sie durch diese schwere Zeit.

Segensworte

1

Jesus Christus ist das Licht der Welt,
er erhelle die Finsternis eurer Trauer,
er sei euch Licht auf eurem weiteren Lebensweg,
er lasse euer Leben wieder aufleuchten in Freude
und führe uns dereinst mit unseren Verstorbenen zusammen.
Das gewähre euch der dreieinige Gott, der Vater und der Sohn, und der Heilige Geist.

2

Der Engel des Trostes trockne eure Tränen.
Der Engel der Stärke richte euch wieder auf.
Der Engel der Zuversicht schenke euch wieder Vertrauen.
Der Engel der Liebe umfasse euch von allen Seiten.
Der Engel des Glaubens führe euch zum Wiedersehen in Gottes Reich.
Dazu segne euch der dreieinige Gott, der Vater und der Sohn und der Heilige Geist.

3

Gott, der Herr, der Freud und Leid mit den Menschen teilte, segne euch.
Er richte euch in eurer Trauer auf und führe euch wieder dem Leben zu.
Er lasse euch Menschen begegnen, die euch nahe sind, wenn ihr Nähe sucht.
Er lasse euch Menschen finden, die mit euch weinen, wenn ihr von Trauer erfüllt seid.
Er geleite Menschen zu euch, die zuhören können, wenn ihr jemanden zum Reden braucht.
Er lenke Menschen zu euch, die euch umarmen und halten, wenn ihr abzustürzen droht.
Er lasse Menschen um euch sein, die sich mit euch an N. erinnern.
Er lasse euch erfahren, dass er mit euch durch das Dunkel der Trauer zum Licht des Lebens geht.
Das gewähre euch der dreieinige Gott, der Vater und der Sohn, und der Heilige Geist.

4

Der Herr sei über euch, auch wenn Ihr ihn nicht seht, um euch reichen Segen zukommen zu lassen.
Der Herr sei neben euch, auch wenn Ihr ihn nicht spürt, um euch auf eurem Weg der Trauer zu begleiten.
Der Herr sei unter euch, auch wenn Ihr ihn dort nicht vermutet, um euch aufzufangen, wenn Ihr fallt.
Der Herr sei in euch, auch wenn Ihr ihn dort nicht haben wollt, um euch zu stärken.
Dazu segne euch der dreieinige Gott, der Vater und der Sohn, und der Heilige Geist.

5

Der Herr führe euch verständnisvolle Menschen zu, damit Ihr nicht allein auf eurem Weg der Trauer seid.
Er erfülle euch mit seiner Kraft, damit Ihr diese Trauer tragen könnt.
Er trockne eure Tränen ab, damit Ihr wieder lachen könnt.
Er schenke euch seine ganze Liebe, damit Ihr weiterhin mit ihm verbunden bleibt.
Er stärke eure Hoffnung, dass Ihr euch alle in seinem Reich wieder sehen werdet.
Dazu segne euch der dreieinige Gott, der Vater und der Sohn, und der Heilige Geist.

6

Der Herr heile eure zerbrochenen Herzen und nehme euch all eure Trauer.
Er schenke euch wieder Vertrauen und lasse euch tief und erholsam schlafen.
Er führe euch wieder zu einem Leben in Fülle und geleite euch am Ende eurer Tage zu euren Verstorbenen.
Das gewähre euch der dreieinige Gott, der Vater und der Sohn, und der Heilige Geist.

7

Der dreieinige Gott segne euch mit all seiner Kraft:
Der Vater, der Schöpfer aller Dinge, er erfülle euch mit all seiner Kraft.
Der Sohn, der mit uns Leben und Tod teilte, er schenke euch wieder festen Glauben und festes Vertrauen.
Der Heilige Geist, der uns allen gegeben ist, er tröste euch mit all seiner Kraft.
Das gewähre euch der dreieinige Gott, der Vater und der Sohn, und der Heilige Geist.

Bitten und Fürbitten

Bei einem in den ersten 12 Schwangerschaftswochen verstorbenen Kind

1
- V Herr, unser Gott, bei dir ist jedes Leben wertvoll, denn du zählst nicht dessen Herzschläge. Es ist für dich schon wertvoll, auch wenn wir noch gar nichts von dem Kind wissen. Daher kommen wir vertrauensvoll mit unseren Bitten zu dir:
- L Lass uns den Anfang einer Antwort auf unsere Fragen finden.
- A Wir bitten dich, erhöre uns.
- L Gib uns Kraft, die uns stärkt, und Hoffnung, die uns trägt.
- A Wir bitten dich, erhöre uns.
- L Lass uns spüren, dass wir in diesem schweren Schicksal von dir getragen werden.
- A Wir bitten dich, erhöre uns.
- L Lass uns in unserem Schmerz Liebe erfahren.
- A Wir bitten dich, erhöre uns.
- L Lass N. bei dir die Liebe und Freude erfahren, die *ihm/ihr* auf Erden versagt blieb.
- A Wir bitten dich, erhöre uns.
- V Du bist der Hüter allen Lebens. Dir vertrauen wir durch Christus, unseren Herrn.
- A Amen

Nach einem Schwangerschaftsabbruch

2
- V Herr, unser Gott, unser Gewissen klagt uns an, doch wir wussten keinen anderen Ausweg. Du aber bist ein gnädiger Gott. Daher kommen wir vertrauensvoll mit unseren Bitten zu dir.
- L Die Eltern wussten in ihrer Not keinen anderen Ausweg. Rechne ihnen daher ihre Entscheidung nicht als Sünde an.
- A Wir bitten dich, erhöre uns.
- L Die Eltern brauchen Begleitung in ihrer Not. Führe ihnen verständnisvolle Menschen zu.
- A Wir bitten dich, erhöre uns.

L Neben den Eltern trauert die ganze Familie um N. Tröste sie in ihrer Trauer.
A Wir bitten dich, erhöre uns.
L Dir vertrauen wir N. an. Schenke *ihm/ihr* deine ganze Liebe bis zum Wiedersehen in deinem Reich.
A Wir bitten dich, erhöre uns.
V Herr, du bist ein gnädiger Gott, Erhöre unsere Bitten, mit denen wir vertrauensvoll zu dir kommen. Darum bitten wir durch Christus, unseren Herrn.
A Amen

Nach einem Suizid

3

V Herr, unser Gott, vieles in unserem Leben können wir nicht verstehen. Auch der Tod von N. wirft viele unbeantwortete Fragen auf. Wir vertrauen darauf, dass wir alle in deiner Hand geborgen sind. Daher kommen wir vertrauensvoll mit unseren Bitten zu dir.
L Der Tod von N. wirft Fragen auf. Stehe allen Trauernden bei in ihrer Not.
A Wir bitten dich, erhöre uns.
L Der Tod von N. ruft Schuldgefühle wach. Nimm von den Trauernden alle Selbstvorwürfe.
A Wir bitten dich, erhöre uns.
L Der Tod von N. macht uns sprachlos. Gib uns Worte, um auszudrücken, was wir fühlen und wie es uns geht.
A Wir bitten dich, erhöre uns.
L Der Tod von N. macht einsam. Führe den Trauernden Menschen zu, die sie begleiten.
A Wir bitten dich, erhöre uns.
L Der Tod von N. trennt uns voneinander. Nimm *ihn/sie* auf in deine himmlische Herrlichkeit, wo wir uns alle wiedersehen werden.
A Wir bitten dich, erhöre uns.
V Herr, unser Gott, lasse uns spüren, dass wir alle in deiner Hand gehalten sind. Darum bitten wir durch Christus, unseren Herrn.
A Amen

Allgemeine Bitten und Fürbitten beim Tod von Kindern

4

V Herr, unser Gott, N. ist gestorben. Wir können es nicht fassen. Tastend und flehentlich kommen wir mit unseren Bitten zu dir:
L Schenke uns Vertrauen, das uns über den Abgrund des Todes trägt.
A Wir bitten dich, erhöre uns.
L Schenke uns Glauben, der uns dir wieder nahe bringt.
A Wir bitten dich, erhöre uns.
L Schenke uns Hoffnung, die uns nicht am Tod von N. zerbrechen lässt.
A Wir bitten dich, erhöre uns.
L Schenke uns Stärke, die uns den Tod von N. tragen lässt.
A Wir bitten dich, erhöre uns.
L Schenke uns Wegbegleiter, die mit uns diesen Tod von N. aushalten.
A Wir bitten dich, erhöre uns.
L Schenke uns Trost, der uns wieder zum Leben in Fülle zurückführt.
A Wir bitten dich, erhöre uns.
L Schenke uns Zuversicht, dass wir dereinst in deinem Reich vereint werden.
A Wir bitten dich, erhöre uns.
L Schenke uns Vergebung, wo wir schuldig geworden sind.
A Wir bitten dich, erhöre uns.
L Schenke uns Kraft, das zu tragen, was wir nicht ändern können.
A Wir bitten dich, erhöre uns.
L Schenke uns Mut, dir wieder neu zu vertrauen.
A Wir bitten dich, erhöre uns.
L Schenke uns Liebe, die uns für immer mit N. verbunden sein lässt.
V Darum bitten wir dich durch Christus, unseren Herrn.

5

V An die Grenze unseres Verstehens geführt, fragen wir uns, woher wir kommen, wohin wir gehen, wer wir sind und wer uns wirklich hält. Allein der Glaube kann uns Antwort geben. Daher rufen wir voller Vertrauen zu dir, o Gott:
L Trockne die Tränen der Trauernden.
A Wir bitten dich, erhöre uns.
L Richte uns auf aus unserer Trauer.
A Wir bitten dich, erhöre uns.
L Begleite uns durch diese schwere Zeit.
A Wir bitten dich, erhöre uns.

L Schenke uns wieder neuen Lebensmut.
A Wir bitten dich, erhöre uns.
L Behüte und beschütze N. bis zum Wiedersehen in deinem Reich.
A Wir bitten dich, erhöre uns.
V Herr, unser Gott, von dir kommen wir, zu dir kehren wir wieder zurück. Überall sind wir von dir umfangen. Lass uns das auch spüren. Darum bitten wir durch Christus, unseren Herrn.
A Amen

6

V Tröstender Gott, du bist das Licht in der Finsternis unserer Trauer, der kühlende Wind für das Brennen unseres Schmerzes, der Balsam für die Wunde unserer Seele, die Hoffnung auf das einstige Wiedersehen. Voller Vertrauen rufen wir zu dir:
L Stehe allen bei, die um N. trauern.
A Wir bitten dich, erhöre uns.
L Lass die Trauernden nicht am Tode von N. verzweifeln.
A Wir bitten dich, erhöre uns.
L Lass uns in unserer Verletztheit deine Kraft in uns spüren.
A Wir bitten dich, erhöre uns.
L Stärke unsere Hoffnung, dass wir wieder glücklich sein können.
A Wir bitten dich, erhöre uns.
L Halte uns verbunden mit N. und allen, die uns vorangegangen sind.
A Wir bitten dich, erhöre uns.
L Gib, dass wir *ihn/sie* einst in der ewigen Heimat wiedersehen.
A Wir bitten dich, erhöre uns.
V Höre unser Flehen, mit dem wir vertrauensvoll zu dir kommen, erhöre es durch Christus, unseren Herrn.
A Amen

7

V Herr, unser Gott, bei allem was passiert, können wir nicht tiefer fallen als in deine Hände. So bitten wir dich voller Vertrauen:
L Lass dein Licht leuchten auf unserem finstern Weg der Trauer.
A Wir bitten dich, erhöre uns.
L Lindere mit deinem kühlenden Wind unseren brennenden Schmerz.
A Wir bitten dich, erhöre uns.
L Lege deinen Trost als Balsam auf die Wunde unserer Seele.
A Wir bitten dich, erhöre uns.
L Erhalte uns in der Hoffnung auf das einstige Wiedersehen.
A Wir bitten dich, erhöre uns.

L Nimm N. auf in das Paradies der ewigen Freude.
A Wir bitten dich, erhöre uns.
V Herr, unser Gott, lasse uns spüren, dass wir alle in deiner Hand gehalten sind. Darum bitten wir durch Christus, unseren Herrn.
A Amen

8

V Herr, unser Gott, der Tod von N. macht uns alle sehr betroffen. Besonders die Eltern trauern um ihr Kind. Zu dir kommen wir voll Vertrauen mit unseren Bitten.
L Tröste uns mit deiner Liebe.
A Wir bitten dich, erhöre uns.
L Erhalte unseren Glauben an dich.
A Wir bitten dich, erhöre uns.
L Stärke unser Vertrauen in das Leben.
A Wir bitten dich, erhöre uns.
L Wandle unser Leid in Segen.
A Wir bitten dich, erhöre uns.
L Halte uns in deiner Gnade.
A Wir bitten dich, erhöre uns.
L Schenke N. all deine Liebe.
A Wir bitten dich, erhöre uns.
V Herr, unser Gott, stehe uns bei in unserer Trauer. Richte uns wieder auf und führe uns dem Leben zu. Darum bitten wir durch Christus, unseren Herrn.
A Amen

9

V Herr, unser Gott, durch den Tod von N. tun wir uns schwer mit dir. Dennoch glauben wir an dich und vertrauen dir. Daher kommen wir mit unseren Bitten zu dir:
L Der Tod von N. brachte unseren Glauben ins Wanken. Stärke ihn durch positive Glaubenserfahrungen.
A Wir bitten dich, erhöre uns.
L Der Tod von N. ließ unser Vertrauen schwinden. Lass es durch positive Erfahrungen wieder wachsen.
A Wir bitten dich, erhöre uns.
L Der Tod von N. verletzte uns zutiefst. Heile unsere zerschlagene Herzen.
A Wir bitten dich, erhöre uns.

L Der Tod von *N.* nahm uns jede Lebensfreude. Schenke uns wieder neue Freude am Leben.
A Wir bitten dich, erhöre uns.
L Der Tod von *N.* trennt uns von *ihm/ihr*. Führe uns dereinst wieder zusammen in deinem Reich.
A Wir bitten dich, erhöre uns.
V Zu wem sollten wir mit diesen Bitten kommen, wenn nicht zu dir. Erhöre sie und lasse sie Realität werden. Darum bitten wir durch Christus unseren Herren.
A Amen.

10

V Herr, unser Gott, der Tod von *N.* nahm uns jede Sicherheit. Nichts ist da, dem wir noch vertrauen können. Selbst mit dir, o Gott, tun wir uns schwer. Dennoch kommen wir mit unseren Bitten zu dir:
L Der Tod von *N.* entfremdete uns von dir. Komm uns entgegen und sei uns wieder nahe.
A Wir bitten dich, erhöre uns.
L Der Tod von *N.* zerstörte unser Gefühl von Sicherheit. Baue es durch positive Erfahrungen wieder auf.
A Wir bitten dich, erhöre uns.
L Der Tod von *N.* raubte uns alle Freude. Beschenke uns mit einer bleibenden Freude.
A Wir bitten dich, erhöre uns.
L Der Tod von *N.* entriss *ihn/sie* uns. Lasse *ihm/ihr* all die Liebe zukommen, die *ihm/ihr* die Eltern gerne selbst gegeben hätten.
A Wir bitten dich, erhöre uns.
L Der Tod von *N.* trennt uns von *ihm/ihr*. Führe uns dereinst wieder zusammen in deinem Reich.
A Wir bitten dich, erhöre uns.
V Erhöre unsere Bitten, mit denen wir uns zu dir wagen. Darum bitten wir durch deinen Sohn Jesus Christus, der mit uns Leben und Tod geteilt hat und nun bei dir lebt in alle Ewigkeit.
A Amen.

11

V Herr, unser Gott, durch den Tod von *N.* hat sich für uns alles geändert. Wir verloren durch *seinen/ihren* Tod alle Sicherheiten. Selbst dich, o Gott, stellen wir in Frage. Wir haben aber keine andere Adresse, zu der wir mit unseren Bitten kommen könnten.

L Der Tod von *N.* raubte uns alle Sicherheiten. Lasse uns positive Erfahrungen machen, damit wir wieder dir und dem Leben trauen können.

A Wir bitten dich, erhöre uns.

L Der Tod von *N.* riss uns den Boden unter den Füßen. Schenke uns wieder einen festen Halt im Glauben und im Leben.

A Wir bitten dich, erhöre uns.

L Der Tod von *N.* brachte uns an den Rande des Wahnsinns. Gib uns wieder das Gefühl der Normalität zurück.

A Wir bitten dich, erhöre uns.

L Der Tod von *N.* weckte in uns Fantasien, dass alles Schlimme möglich sei. Nimm von uns alle diese schlimmen Vorstellungen.

A Wir bitten dich, erhöre uns.

L Der Tod von *N.* entriss uns *ihn/sie* unseren Händen. Nimm *ihn/sie* auf in deine liebenden Hände.

A Wir bitten dich, erhöre uns.

V Auch wenn wir zögerlich mit unseren Bitten zu dir kommen, so erhöre sie ganz. Darum bitten wir durch Christus, unseren Herrn.

A Amen

Schriftlesungen

Kurze Bibelworte

2 Kön 20,5
Ich habe dein Gebet gehört und deine Tränen gesehen.

Ps 102,2f
Herr, höre mein Gebet! Mein Schreien dringe zu dir. Verbirg dein Antlitz nicht vor mir! Wenn ich in Not bin, wende dein Ohr mir zu! Wenn ich dich anrufe, erhöre mich bald!

Ps 130,1f
Aus der Tiefe rufe ich, Herr, zu dir: Herr, höre meine Stimme! Wende dein Ohr mir zu, achte auf mein lautes Flehen!

Jes 41,13
Denn ich bin der Herr, dein Gott, der deine rechte Hand ergreift und der zu dir sagt: Fürchte dich nicht, ich werde dir helfen.

Jes 66,13
Wie eine Mutter ihren Sohn tröstet, so tröste ich euch.

Mt 11,28
Kommt alle zu mir, die ihr euch plagt und schwere Lasten zu tragen habt. Ich werde euch Ruhe verschaffen.

Mt 18,14
So will auch euer himmlischer Vater nicht, dass einer von diesen Kleinen verlorengeht.

Hebr 11,1
Glaube aber ist: Feststehen in dem, was man erhofft, Überzeugtsein von Dingen, die man nicht sieht.

Bibeltexte und Impulse für eine Ansprache

Gen 23,16–20: Abraham kauft für Sara ein Grab
Abraham hörte auf Efron und wog ihm den Geldbetrag ab, den er in Gegenwart der Hetiter genannt hatte, vierhundert Silberstücke zum üblichen Handelswert. So ging das Grundstück Efrons in Machpela bei Mamre, das Feld mit der Höhle darauf und mit allen Bäumen auf dem Grundstück in seiner ganzen Ausdehnung ringsum, in den Besitz Abrahams über, in Gegenwart der Hetiter, aller, die zum Tor seiner Stadt Zutritt hatten. Dann begrub Abraham seine Frau Sara in der Höhle des Grundstücks von Machpela bei Mamre, das jetzt Hebron heißt, in Kanaan. Das Grundstück samt der Höhle darauf war also von den Hetitern als Grabstätte in den Besitz Abrahams übergegangen.

> *Impuls für eine Ansprache:*
> *Menschen zu bestatten ist ein sehr alter Brauch.*

Ps 142,2–4: Der Beter schreit seine Klage zu Gott
Mit lauter Stimme schrei' ich zum Herrn,
laut flehe ich zum Herrn um Gnade.
Ich schütte vor ihm meine Klagen aus, eröffne ihm meine Not.
Wenn auch mein Geist in mir verzagt, du kennst meinen Pfad.

> *Impuls für eine Ansprache:*
> *Klage ist eine Gebetsform, man braucht sich ihrer nicht zu schämen.*

Koh 3,1–8: Alles hat seine Zeit
Alles hat seine Stunde. Für jedes Geschehen unter dem Himmel gibt es eine bestimmte Zeit: eine Zeit zum Gebären und eine Zeit zum Sterben, eine Zeit zum Pflanzen und eine Zeit zum Abernten der Pflanzen, eine Zeit zum Töten und eine Zeit zum Heilen, eine Zeit zum Niederreißen und eine Zeit zum Bauen, eine Zeit zum Weinen und eine Zeit zum Lachen, eine Zeit für die Klage und eine Zeit für den Tanz; eine Zeit zum Steinewerfen und eine Zeit zum Steinesammeln, eine Zeit zum Umarmen und eine Zeit, die Umarmung zu lösen, eine Zeit zum Suchen und eine Zeit zum Verlieren, eine Zeit zum Behalten und eine Zeit zum Wegwerfen, eine Zeit zum Zerreißen und eine Zeit zum Zusammennähen, eine Zeit zum Schweigen und eine Zeit zum Reden, eine Zeit zum Lieben und eine Zeit zum Hassen, eine Zeit für den Krieg und eine Zeit für den Frieden.

Impuls für eine Ansprache:
stehende Uhr: Trauernden steht die Zeit still; anderen geht sie weiter. Trauer und Klage brauchen ihre Zeit, Trauer um ein Kind braucht viele Jahre.

Jes 42,3: Den glimmenden Docht löscht er nicht aus
Das geknickte Rohr zerbricht er nicht, und den glimmenden Docht löscht er nicht aus; ja, er bringt wirklich das Recht.

Impuls für eine Ansprache:
Die Gottesbeziehung kann durch den Tod eines Kindes fast erlöschen.

Jes 49,15: Ich vergesse dich nicht
Kann denn eine Frau ihr Kindlein vergessen, eine Mutter ihren leiblichen Sohn? Und selbst wenn sie ihn vergessen würde: ich vergesse dich nicht.

Impuls für eine Ansprache:
Gott vergisst keinen von uns, auch kein noch so früh verstorbenes Kind.

Mk 10,13f.16: Jesus segnete die Kinder
In jener Zeit brachte man Kinder zu Jesus, damit er ihnen die Hände auflegte. Die Jünger aber wiesen die Leute schroff ab. Als Jesus das sah, wurde er unwillig und sagte zu ihnen: Lasst die Kinder zu mir kommen; hindert sie nicht daran! Denn Menschen wie ihnen gehört das Reich Gottes. Und er nahm die Kinder in seine Arme; dann legte er ihnen die Hände auf und segnete sie.

Impuls für eine Ansprache:
Lat. „benedicere" = gutes sprechen, sagen, wünschen hebr. „hesed" = liebende Zuwendung (von Gott her).

Lk 24,1–8: Was sucht ihr den Lebenden bei den Toten?
Am ersten Tag der Woche gingen die Frauen mit den wohlriechenden Salben, die sie zubereitet hatten, in aller Frühe zum Grab. Da sahen sie, dass der Stein vom Grab weggewälzt war; sie gingen hinein, aber den Leichnam Jesu, des Herrn, fanden sie nicht. Während sie ratlos dastanden, traten zwei Männer in leuchtenden Gewändern zu ihnen. Die Frauen erschraken und

blickten zu Boden. Die Männer aber sagten zu ihnen: Was sucht ihr den Lebenden bei den Toten? Er ist nicht hier, sondern er ist auferstanden. Erinnert euch an das, was er euch gesagt hat, als er noch in Galiläa war: Der Menschensohn muss den Sündern ausgeliefert und gekreuzigt werden und am dritten Tag auferstehen. Da erinnerten sie sich an seine Worte.

> *Impuls für eine Ansprache:*
> *Wir sehen den Toten, wir sehen das Grab, aber dahinter steht die Auferstehung. Unsere Verstorbenen sollten wir in unseren Herzen suchen, nicht in den Gräbern.*

Röm 6,3–9: Mit Christus gestorben, mit ihm auch leben
Wisst ihr denn nicht, dass wir alle, die wir auf Christus Jesus getauft wurden, auf seinen Tod getauft worden sind? Wir wurden mit ihm begraben durch die Taufe auf den Tod; und wie Christus durch die Herrlichkeit des Vaters von den Toten auferweckt wurde, so sollen auch wir als neue Menschen leben. Wenn wir nämlich ihm gleich geworden sind in seinem Tod, dann werden wir mit ihm auch in seiner Auferstehung vereinigt sein. Wir wissen doch: Unser alter Mensch wurde mitgekreuzigt, damit der von der Sünde beherrschte Leib vernichtet werde und wir nicht Sklaven der Sünde bleiben. Denn wer gestorben ist, der ist frei geworden von der Sünde. Sind wir nun mit Christus gestorben, so glauben wir, dass wir auch mit ihm leben werden. Wir wissen, dass Christus, von den Toten auferweckt, nicht mehr stirbt; der Tod hat keine Macht mehr über ihn.

> *Impuls für eine Ansprache:*
> *Gott hat Christus auferweckt, so wird Gott auch uns auferwecken.*

Röm 8,35.38f: Was kann uns scheiden von der Liebe Christi?
Was kann uns scheiden von der Liebe Christi? Bedrängnis oder Not oder Verfolgung, Hunger oder Kälte, Gefahr oder Schwert? Weder Tod noch Leben, weder Engel noch Mächte, weder Gegenwärtiges noch Zukünftiges, weder Gewalten der Höhe oder Tiefe noch irgendeine andere Kreatur können uns scheiden von der Liebe Gottes, die in Christus Jesus ist, unserem Herrn.

Impuls für eine Ansprache:
Die Liebe Christi ist bedingungslos, ist unkündbar. Nichts – auch nicht das größte Leid – kann uns scheiden von der Liebe Christi.

Röm 14,7–9.10c–12: Unser Leben und Sterben ist in Gott
Keiner von uns lebt sich selber, und keiner stirbt sich selber: Leben wir, so leben wir dem Herrn, sterben wir, so sterben wir dem Herrn. Ob wir leben oder ob wir sterben, wir gehören dem Herrn. Denn Christus ist gestorben und lebendig geworden, um Herr zu sein über Tote und Lebende. Wir werden doch alle vor dem Richterstuhl Gottes stehen. Denn es heißt in der Schrift: So wahr ich lebe, spricht der Herr, vor mir wird jedes Knie sich beugen, und jede Zunge wird Gott preisen. Also wird jeder von uns vor Gott Rechenschaft über sich selbst ablegen.

Impuls für eine Ansprache:
Im Leben und im Tod gehören wir Gott. Wir sind Gottes Kinder.

1 Kor 13,8–13: Die Liebe endet nie
Die Liebe hört niemals auf. Prophetisches Reden hat ein Ende, Zungenrede verstummt, Erkenntnis vergeht. Denn Stückwerk ist unser Erkennen, Stückwerk unser prophetisches Reden; wenn aber das Vollendete kommt, vergeht alles Stückwerk. Als ich ein Kind war, redete ich wie ein Kind, dachte wie ein Kind und urteilte wie ein Kind. Als ich ein Mann wurde, legte ich ab, was Kind an mir war. Jetzt schauen wir in einen Spiegel und sehen nur rätselhafte Umrisse, dann aber schauen wir von Angesicht zu Angesicht. Jetzt erkenne ich unvollkommen, dann aber werde ich durch und durch erkennen, so wie ich auch durch und durch erkannt worden bin. Für jetzt bleiben Glaube, Hoffnung, Liebe, diese drei; doch am größten unter ihnen ist die Liebe.

Impuls für eine Ansprache:
Liebe überdauert den Tod – wir erinnern uns unserer Verstorbenen.

1 Thess 4,13f.17f: Unser Wissen über die Verstorbenen
Schwester und Brüder, wir wollen euch über die Verstorbenen nicht in Unkenntnis lassen, damit ihr nicht trauert wie die anderen, die keine Hoffnung haben. Wenn Jesus – und das ist unser Glaube – gestorben und auferstanden ist, dann wird Gott durch Jesus auch die Verstorbenen zusammen mit ihm zur Herrlichkeit führen. Dann werden wir immer beim Herrn sein. Tröstet also einander mit diesen Worten!

Impuls für eine Ansprache:
Wir sollen uns damit trösten, dass unsere Verstorbenen auferstehen werden.

1 Petr 1,3f: Wir haben ewiges Leben bei Gott
Gepriesen sei der Gott und Vater unseres Herrn Jesus Christus: Er hat uns in seinem großen Erbarmen neu geboren, damit wir durch die Auferstehung Jesu Christi von den Toten eine lebendige Hoffnung haben und das unzerstörbare, makellose und unvergängliche Erbe empfangen, das im Himmel für euch aufbewahrt ist.

Impuls für eine Ansprache:
Bei Gott haben wir das ewige Leben.

Offb 21,2–7: Das himmlische Jerusalem
Ich sah die heilige Stadt, das neue Jerusalem, von Gott her aus dem Himmel herabkommen; sie war bereit wie eine Braut, die sich für ihren Mann geschmückt hat. Da hörte ich eine laute Stimme vom Thron her rufen: Seht, die Wohnung Gottes unter den Menschen! Er wird in ihrer Mitte wohnen, und sie werden sein Volk sein; und er, Gott, wird bei ihnen sein. Er wird alle Tränen von ihren Augen abwischen: Der Tod wird nicht mehr sein, keine Trauer, keine Klage, keine Mühsal. Denn was früher war, ist vergangen. Er, der auf dem Thron saß, sprach: Seht, ich mache alles neu. Und er sagte: Schreib es auf, denn diese Worte sind zuverlässig und wahr. Er sagte zu mir: Sie sind in Erfüllung gegangen. Ich bin das Alpha und das Omega, der Anfang und das Ende. Wer durstig ist, den werde ich umsonst aus der Quelle trinken lassen, aus der das Wasser des Lebens strömt. Wer siegt, wird dies als Anteil erhalten: Ich werde sein Gott sein, und er wird mein Sohn sein.

Impuls für eine Ansprache:
Gott macht alles neu. Er trocknet alle Tränen ab. Bei Gott wird es keinen Tod mehr geben, keine Klage, keine Mühsal.

Offb 21,4f: Er wird alle Tränen abwischen
Er wird alle Tränen von ihren Augen abwischen: Der Tod wird nicht mehr sein, keine Trauer, keine Klage, keine Mühsal. Denn was früher war, ist vergangen. Er, der auf dem Thron saß, sprach: Seht, ich mache alles neu.

Impuls für eine Ansprache:
Gott tröstet alle Trauernden Gott macht alles neu, nicht mit neuem Kind, sondern mit N.

Riten, Stationen und Geschichten für Trauer- und Trostgottesdienste

Von den hier vorgestellten Riten und Stationen können einige miteinander kombiniert werden. Es sollten jedoch nie mehr als zwei Riten oder Stationen in einer Trauerfeier verwendet werden, damit der einzelne Ritus bzw. die einzelne Station nicht an Bedeutung verliert. – Nicht die Anzahl ist entscheidend, sondern die Tiefe. Wird ein Trost-Gottesdienst für mehrere verwaiste Eltern gefeiert, können auch mehr als zwei dieser Riten oder Stationen ausgewählt werden, die die Trauernden vollziehen bzw. an denen sie verweilen können.

Riten für Trauerfeiern

Zu den Fürbitten Weihrauch auflegen
Dieser Ritus kann bei allen folgenden Trauerfeiern zu den Fürbitten verwendet werden.

Weihrauchkörner und heiße Kohle bereithalten. – Der Ritus ist wegen möglicher allergischer Reaktionen nur für größere Kirchenräume geeignet.

V Im Psalm 141,2 heißt es: „Wie ein Rauchopfer steige mein Gebet vor dir auf." So werden wir bei jeder vorgelesenen Fürbitte ein Weihrauchkorn auf die glühende Kohle legen. Anschließend können Sie nach vorne kommen und als Ausdruck Ihrer Bitten an Gott ebenso ein Weihrauchkorn auflegen.

Lasst uns beten: Herr, unser Gott, wie Weihrauch steige unser Gebet auf zu dir. Erhöre unsere Bitten, mit denen wir vertrauensvoll zu dir kommen. Darum bitten wir durch Christus, unseren Herrn.
A Amen.

Das Volk, das im Dunkeln lebt, sieht ein helles Licht
Vorbereitung:
Entsprechend der Teilnehmerzahl ausreichend Teelichter und die Osterkerze bereitstellen, damit jede(r) Trauernde ein Teelicht an der Osterkerze entzünden und am Sarg abstellen kann.

V Der Prophet Jesaja schrieb: „Das Volk, das im Dunkeln lebt, sieht ein helles Licht" (Jes 9,1). Dieses Licht ist für uns Jesus Christus, der von sich sprach: „Ich bin das Licht der Welt. Wer mir nachfolgt, wird nicht in der Finsternis umhergehen, sondern wird das Licht des Lebens haben." (Joh 8,12) Besonders durch seine Auferstehung brachte er uns Licht in die Finsternis des Todes. Dies feiern wir in der Osternacht, wenn wir feierlich mit der am Osterfeuer entzündeten Osterkerze einziehen und singen: „Lumen Christi" – Christus, das Licht. So haben wir hier die Osterkerze als Sinnbild für Jesus Christus aufgestellt, dem Licht der Welt. Jeder von ihnen ist eingeladen, daran ein Teelicht zu entzünden und beim Sarg abzulegen. Dies kann ausdrücken:
– Ihren Glauben an die Auferstehung;
– Ihren guten Wünsche für ihr verstorbenes Kind.

Lasst uns beten: Jesus, du Licht der Welt, erleuchte die Finsternis der Trauernden und nimm Ihr Kind auf in deine himmlische Herrlichkeit. Darum bitten wir dich, Jesus Christus, dem Licht der Welt.
A Amen.

Regenbogenkerze (für Eltern)
Eine Regenbogenkerze für die Eltern bereitstellen.

V So groß das Leid auch sein mag, Gott hat uns nicht verlassen. So groß das Gefühl der Gottverlassenheit auch sein mag, Gott löst seinen Bund mit den Menschen nicht auf. So lesen wir am Ende der Sintflut „Meinen Bogen setze ich in die Wolken; er soll das Bundeszeichen sein zwischen mir und der Erde" (Gen 9,13) Ich werden nun diese Regenbogenkerze an der Osterkerze anzünden und dann vor dem Sarg von N. abstellen. Sie soll ein Zeichen dafür sein, dass Gott auch mit uns ist, auch im größten Leid. Am Ende dieser Trauerfeier werde ich diese Regenbogenkerze Ihnen, den Eltern von N., als Zeichen mitgeben.

Lasst uns beten: Herr, unser Gott, trauernde Eltern fühlen sich von dir verlassen. Lasse sie erfahren, dass du den Bund mit ihnen nicht aufgelöst hast. Darum bitten wir durch Christus, unseren Herrn.
A Amen.

Der glimmende Docht
Wenn sich Trauernde nach dem Tod ihres Kindes sehr schwer mit Glauben und Gott tun, kann es hilfreich sein, über den Vers Jes 42,3 zu predigen und hierzu einen Lichtritus zu begehen.

V Wenn ein Kind stirbt, erlischt manchmal für die Eltern die Flamme des Glaubens. Was dann noch übrig bleibt, ist meist nur noch der glimmender Docht einer Sehnsucht nach einer tragfähigen Gottesbeziehung. Diese muss auch den Tod dieses Kindes tragen können. Im Buch Jesaja heißt es: „Das geknickte Rohr zerbricht er nicht, und den glimmenden Docht löscht er nicht aus." (Jes 42,3)
Sie können nach vorne kommen und eine Kerze an der Osterkerze entzünden. Sie soll Ihnen als Zeichen dienen, dass auch Ihre Beziehung zu Gott wieder leuchten möge. Die Kerze können Sie als Erinnerung mit nach Hause nehmen und dort mit dieser Hoffnung immer wieder neu entzünden.

Lasst uns beten: Herr, unser Gott, durch den Tod von N. wurdest du uns fremd. Lass den glimmenden Docht unseres Glaubens nicht erlöschen, sondern entzünde neu in uns den Glauben an dich. Darum bitten wir durch Christus, unseren Herrn.
A Amen.

Handabdrücke an Sarg machen
Wenn die Eltern es wollen, können die Trauernden mit Fingerfarben einen Abdruck ihrer Hand auf den Sarg machen. Es kann als Zeichen der Verbundenheit mit dem verstorbenen Kind gedeutet werden.

V Mit der Hand begrüßen wir uns, schließen Frieden. Die Handreichung bedeutet Nähe und Verbundenheit. Sie haben nun die Möglichkeit, nach vorne zu kommen und mit Fingerfarben einen Abdruck Ihrer Hand auf den Sarg zu machen als Ausdruck Ihrer Verbundenheit mit N. über den Tod hinaus.

Lasst uns beten: Herr, unser Gott, N. ist zwar unseren Händen genommen, doch in unserem Herzen bleiben wir ewig mit *ihm/ihr* verbunden. Führe uns dereinst alle wieder zusammen. Darum bitten wir durch Christus, unseren Herrn.
A Amen.

„Füßchen" an den Sarg kleben
Papier in der Form von Fußabdrücken für jeden Teilnehmer bereitstellen.

V „Kleine Füße hinterlassen oft die tiefsten Spuren." So besagt es ein Sprichwort. Das erleben Sie in den Tagen der Trauer besonders intensiv. Sie haben nun die Möglichkeit, auf einen dieser „Füße" Ihre Wünsche an N. niederzuschreiben und diesen „Fuß" an den Sarg zu heften.

Lasst uns beten: Herr, unser Gott, wir schreiben unsere Wünsche an N. nieder. Lasse sie für *ihn/sie* Wirklichkeit werden. Darum bitten wir durch Christus, unseren Herrn.

A Amen.

„Sternchen" an den Sarg kleben

Wenn das Kind während der Schwangerschaft oder in den ersten Tagen nach der Geburt verstorben ist: Papier in der Form eines Sterns für jeden Teilnehmer bereitstellen.

V „Sternenkinder" werden so früh gestorbene Kinder häufig genannt. Auch N. ist Ihr Star, der jedoch nicht mehr unter ihnen ist.
Sie haben nun die Möglichkeit, auf einen dieser „Sterne" Ihre Wünsche an N. niederzuschreiben und diesen „Stern" an den Sarg zu heften.

Lasst uns beten: Herr, unser Gott, wir schreiben unsere Wünsche an N. nieder. Lasse sie für N. Wirklichkeit werden. Darum bitten wir durch Christus, unseren Herrn.

A Amen.

Herbst: dürre Blätter an den Sarg kleben

Wenn die Bestattung im Herbst stattfindet: Ein buntes Herbstblatt für jeden Teilnehmer bereitstellen, sowie einige Filzstifte, mit denen diese Blätter beschrieben werden können.

V Die bunten Blätter zeigen uns, wie vergänglich alles ist. Alles Lebendige stirbt, es ist nur eine Frage der Zeit. Schwer ist es, wenn der Tod viel zu früh eintritt.
Sie haben nun die Möglichkeit, auf ein Herbstblatt Ihre Wünsche an N. niederzuschreiben und dieses an den Sarg zu heften.

Lasst uns beten: Herr, unser Gott, wir schreiben unsere Wünsche an N. nieder. Lasse sie für N. Wirklichkeit werden. Darum bitten wir durch Christus, unseren Herrn.

A Amen.

Stationen für Trost-Gottesdienste

Beobachtungen zeigen, dass die beiden Stationen des Briefeschreibens – „Brief an das verstorbene Kind" bzw. „Brief an den Verstorbenen" sowie „Klagemauer" – von den Trauernden als erstes angesteuert werden. Rückmeldungen bestätigen den tröstenden Charakter dieser Stationen. Einige Stationen der Trost-Gottesdienste eignen sich auch als Riten für Trauerfeiern.

Namen der Verstorbenen eintragen

Die Trauernden können den Namen der Verstorbenen in ausliegende Listen eintragen. Den Namen des toten Kindes bzw. des Verstorbenen bei den Fürbitten zu hören, ist tröstlich.

V „Ich habe dich beim Namen gerufen, du gehörst mir", so heißt es beim Propheten Jesaja (Jes 43,1) . Gott gab uns allen einen Namen, weil wir ihm wichtig sind, jeder Einzelne von uns, auch unsere Verstorbenen. So liegen beim Eingang in die Kirche zwei Listen aus, in die Sie die Namen der Verstorbenen eintragen können, damit wir ihrer regelmäßig gedenken.

Lasst uns beten: Herr, unser Gott, du hast uns alle bei unserem Namen gerufen. Nimm unserer Verstorbenen auf in deine himmlische Herrlichkeit. Darum bitten wir durch Christus, unseren Herrn.
A Amen.

Klagemauer

Einige Ziegel werden zu einer kleinen Mauer aufgetürmt. Es kann statt dessen eine Tapete mit Ziegelmuster aufgehängt werden.

V Wir Menschen brauchen einen Ort, an dem wir uns aussprechen können, an dem wir das loswerden können, was uns innerlich bewegt und belastet. Für Juden ist dieser Ort die Klagemauer in Jerusalem. Wir haben für Sie hier eine Klagemauer errichtet. Dort können Sie auf bereitliegenden Zetteln Ihre Klagen aufschreiben und in diese Klagemauer stecken. Im Anschluss an den Gottesdienst werden wir die Zettel ungelesen verbrennen und Ihre Anliegen mit dem Rauch zu Gott schicken.

Lasst uns beten: Herr, unbegreiflicher Gott, wir verstehen den Tod nicht. Wir haben so viele Anfragen und Klagen an dich. Erhöre uns. Darum bitten wir durch Christus, unseren Herrn.
A Amen.

Brief an das verstorbene Kind

Papier und Bleistifte bereitstellen, dazu einen „Briefkasten" (Karton mit Schlitz).

V Gern hätten Sie Ihrem Kind noch etwas gesagt. Der plötzliche Tod hat es ihnen verwehrt. Hier besteht die Möglichkeit, Ihrem Kind einen Brief zu schreiben und darin all das auszudrücken, was Sie ihm gerne selbst gesagt hätten. Im Anschluss an diesen Gottesdienst werden wir diese Briefe ungelesen vor der Kirche verbrennen und damit himmelwärts schicken.

Lasst uns beten: Herr, unser Gott, die Eltern schreiben nieder, was sie gerne ihrem Kinde selbst gesagt hätten. Führe diese Worte ihren Kindern zu. Darum bitten wir durch Christus, unseren Herrn.
A Amen.

Schicksal anderer

Blätter mit Hinweis auf das Schicksal anderer Menschen vorbereiten und auslegen (vgl. auch www.1Trost.de/GD-Hilfen).

V Wenn uns Leid trifft, meinen wir oft, wir seien die einzigen, die es getroffen habe. Dem ist nicht so. Nur wenige Menschen sprechen über ihr Leid. Auf der Bank liegen Blätter von berühmten Personen, die auch um ein Kind trauern. Sie können diese ansehen und einzelne Blätter mitnehmen.

Lasst uns beten: Herr, unser Gott, Leid ist in der Welt. Es trifft uns, es trifft andere. Wir bekommen keine Antwort auf das „Warum". Hilf uns damit zu leben. Darum bitten wir dich durch Christus, unseren Herrn,
A Amen.

Ungeweinte Tränen
Es sind zwei Krüge und eine Schöpfkelle bereit zu stellen. Der eine Krug ist mit Wasser gefüllt.

V   Mit jeder Träne wird ein Stück der Trauer abgewaschen. Einigen von ihnen wurde jedoch das Weinen verwehrt. Hier können Sie alle ungeweinten Tränen stellvertretend weinen, indem Sie diese aus dem einen Topf in den anderen schöpfen.

Lasst uns beten: Herr, unser Gott, nicht immer können wir die Tränen weinen, die unserer Trauer entsprechen würden. Löse die Blockaden und lass die Trauernden ihre Tränen weinen. Darum bitten wir durch Christus, unseren Herrn.
A   Amen.

Rosen
Es sind entsprechend der Teilnehmerzahl ausreichend Rosen zu besorgen, damit sich jeder Trauernde eine Rose mit nach Hause nehmen kann.

V   Freud und Leid sind im Leben oft sehr eng aneinander geknüpft. So auch bei den Rosen. Ihre Blüte fasziniert, ihr Duft verzaubert, ihre Stacheln verletzen. Freude – die erlebte Schwangerschaft – und Leid – der frühe Tod Ihrer Kinder – kamen für Sie zusammen. Sie können sich dort eine Rose nehmen und dem nachspüren, dass im Leben oft Freude nicht ohne Leid zu haben ist.

Lasst uns beten: Herr, unser Gott, der Tod ihrer Kinder hat die trauernden Eltern zutiefst verletzt. Lass sie anhand der Rose das Schöne nicht vergessen, das sie mit ihren Kindern erlebt haben. Darum bitten wir durch Christus, unseren Herrn.
A   Amen.

Trauerbrot

Es sind ausreichend Stücke (ungesäuertes) Brot bereitzustellen, damit jede(r) Trauernde ein Stück erhält.

V Die Bibel berichtet von dem Brauch, gemeinsam das Trauerbrot zu essen (Siehe: Jer 16,7, Ez 24,17; 24,22; Hos 9,4). Damit kommt Verschiedenes zum Ausdruck:
– die Gemeinsamkeit der Trauer;
– wie das tägliche Brot soll es Kraft in der Trauer geben.
Sie können sich dort mit dem Trauerbrot stärken.

Lasst uns beten: Herr, unser Gott, stärke die trauernden Eltern mit dem Trauerbrot und lasse ihre Trauer ertragbar werden. Darum bitten wir durch Christus, unseren Herren.
A Amen.

Steine

Steine für jeden Trauernden und ein stehendes Kreuz bereitstellen.

V Trauer wird unterschiedlich erfahren, unter anderem als Stein, der einem in den Lebensweg gelegt wurde oder der einen bedrückt, ja sogar niederdrückt. Dort in dem Eimer sind Steine der Trauer. Sie können einen nehmen und sein Gewicht spüren. Sie können die ganze Last Ihrer Trauer in diesen Stein hineinzulegen und dann hier bei dem Kreuz ablegen.

Lasst uns beten: Jesus sprach: „Kommt alle zu mir, die ihr euch plagt und schwere Lasten zu tragen habt. Ich werde euch Ruhe verschaffen." *(Mt 11,28)* So kommen die trauernden Eltern mit der Last ihrer Trauer zu dir. Mache ihnen ihre Trauer erträglich. Darum bitten wir durch Christus, unseren Herrn.
A Amen.

Regenbogen
Ein Bild von einem Regenbogen besorgen oder einen Regenbogen(-Schirm) in der Kirche aufspannen.

V   Ein Regenbogen entsteht, wenn es bei Sonnenschein regnet. Er entsteht, wenn Gegensätzliches zusammentrifft. Bei Ihnen, den trauernden Eltern, kamen auch Gegensätze zusammen. Mitten in das wachsende Leben ihres Kindes hinein kam der Tod. Sie erwarteten mit großer Vorfreude ihren Sonnenschein. Nun füllen Tränen ihre Augen und laufen über ihr Gesicht. Der Regenbogen ist auch in der Bibel genannt. Am Ende der Sintflut lesen wir: „Meinen Bogen setze ich in die Wolken; er soll das Bundeszeichen sein zwischen mir und der Erde" (Gen 9,13) Sie können sich unter diesen Regenbogen stellen und dem Bund Gottes mit uns Menschen nachspüren.

Lasst uns beten: Herr, unser Gott, trauernde Eltern fühlen sich von dir verlassen. Lass sie erfahren, dass du den Bund mit ihnen nicht aufgelöst hast. Darum bitten wir durch Christus, unseren Herrn.

A   Amen.

Von Gott umarmt
Gottes Gegenwart spüren und wirken lassen.

V   Wer um einen geliebten Menschen trauert, fühlt sich oft von Gott verlassen. Wie der Verfasser von Psalm 22 fragen sich viele Trauernde: „Mein Gott, mein Gott, warum hast du mich verlassen." Psalm 23 zeigt uns das Bild einer Herde, die durch ein finsteres Tal ziehen muss. Dabei lässt der Hirt seinen Hirtenstab über den Rücken der Tiere gleiten. Die Tiere sehen und spüren den Hirten nicht, aber sie spüren seinen Stab. Daher wissen sie, dass der Hirte da ist. In einer weiteren Station können sie sich von mir umarmen lassen. Ich bin nicht Gott, verstehe mich aber als Gottes Bodenpersonal, der ihnen das Gefühl der Gottverlassenheit nehmen oder zumindest lindern möchte. Kommen Sie einfach mit ausgebreiteten Armen zu mir.

Lasst uns beten: Herr, unser Gott, bei allem Gefühl der Gottverlassenheit bist du da: Lass trauernde Eltern deine Gegenwart erfahren und spüren. Darum bitten wir durch Christus, unseren Herrn.

A   Amen.

Segen empfangen
Der Trauernde soll Gottes Segen empfangen.

V   Wer Leid erfährt, empfindet sich mitunter von Gott bestraft. Der Leidende meint, Gott habe ihm den Segen genommen. Diesem Eindruck entgegenwirkend, gibt es die Möglichkeit, sich den Segen Gottes zusprechen zu lassen. Deshalb werde ich Sie anschließend segnen, wenn Sie nach vorne kommen.

Lasst uns beten: Herr, unser Gott, lege deinen Segen auf alle Trauernden, insbesondere auf die, die ihn heute hier empfangen wollen. Darum bitten wir durch Christus, unseren Herrn.
A   Amen.

Belastendes abwaschen
Der Trauernde soll alles Schwere und Belastende abgewaschen bekommen.

V   Trauer und Schmerz, echte Schuld und irreale Schuldgefühle lasten schwer auf Trauernden. Dadurch sind Trauernde nicht nur bedrückt. Oft genug drücken diese Dinge den ganzen Menschen nieder. Gott will uns von allem befreien, was uns bedrückt und niederdrückt. Wir brauchen ihn nur darum zu bitten und sein Angebot anzunehmen. Symbolisch schütten wir Wasser über Ihre Hände, wenn Sie nach vorne kommen.

Lasst uns beten: Herr, unser Gott, wasche ab, was Trauernde bedrückt und belastet. Mache sie frei von allen Altlasten, die sie mit sich tragen. Darum bitten wir durch Christus, unseren Herrn.
A   Amen.

Trauer darstellen
Entsprechend viele Egli-Puppen bereitstellen.

V   Die Trauer und der Schmerz um ein verstorbenes Kind lässt sich nicht immer in Worte ausdrücken. Hier haben Sie die Möglichkeit, anhand von Egli-Puppen Ihrer Trauer und Ihrem Schmerz Gestalt zu geben und die Puppen dann hier vor dem Altar abzustellen.

Lasst uns beten: Herr, unser Gott, befähige trauernde Eltern, ihrer Trauer und ihrem Schmerz Gestalt zu geben, um sie besser zu verstehen und einen Weg aus der Trauer zu finden. Darum bitten wir dich durch Christus, unseren Herrn,

A Amen.

Pieta

Poster mit Darstellung der Pieta aufhängen.

V Als der Leichnam Jesu vom Kreuz genommen wurde, nahm ihn seine Mutter in ihren Schoß. Dort, wo sein Leben begonnen hatte, dort endete sein Leben. In der Pieta wird ein Mensch dargestellt, der weiß, was es heißt, um einen geliebten Menschen zu trauern. Dieses Verstandenwerden zieht immer wieder Trauernde an.

Lasst uns beten: Maria weiß als Schmerzensmutter, was Trauernde empfinden. Schenke allen trauernden Eltern verständnisvolle Menschen. Darum bitten wir durch Christus, unseren Herrn.

A Amen.

Leidensmann

Bild des gegeißelten oder mit Dornen gekrönten Jesus.

V Jesus wurde gegeißelt und mit einer Dornenkrone gekrönt. Er wurde gequält und verhöhnt. Trauernde Eltern fühlen sich vom Schicksal gegeißelt. Ihre Wunden tragen sie an ihrem Herzen.

Lasst uns beten: Geschundener Jesus, stehe den trauernden Eltern bei. Heile die Wunden ihrer Herzen. Darum bitten wir dich, Christus, unseren Herrn.

A Amen.

Vor dem Auferstehungskreuz

Am Auferstehungskreuz sich der Auferstehung bewusst werden.

V Das Kreuz wurde das Zeichen des Christentums. Damit wird der Tod Jesu dargestellt. Das Auferstehungskreuz lässt durch das Kreuz die Auferstehung schauen. Sie sind eingeladen diesen Blick nachzuvollziehen. Sie können dafür das Auferstehungskreuz auch in die Hand nehmen.

Lasst uns beten: Herr, Jesus Christus, oft sehen wir in dem Kreuz nur deinen Tod. Lass uns durch das Auferstehungskreuz auch deine Auferstehung sehen. Darum bitten wir dich, Christus, unseren Herrn.
A   Amen.

Scherbenhaufen
Es werden einige Scherben ausgelegt.

V   Nach dem Tod eines Kindes liegt das eigene Leben wie ein Scherbenhaufen vor einem. Hoffnung und Gottvertrauen sind zerbrochen. Sie sind eingeladen, dies dort zu betrachten und dem nachzuspüren.

Lasst uns beten: Herr, unser Gott, wie ein Scherbenhaufen liegt das Leben der trauernden Eltern vor ihnen. Lass heilen, was durch den Tod des Kindes zerbrochen ist. Darum bitten wir durch Christus, unseren Herren.
A   Amen.

Zerbrochener Spiegel
Einen zerbrochen Spiegel aufhängen.

V   Der Tod eines Kindes verändert die Trauernden. Man ist nicht mehr der Mensch, der man zuvor war. Sie sind eingeladen, vor dem zerbrochenen Spiegel stehend sich selbst wieder zu finden.

Lasst uns beten: Herr, unser Gott, der Tod eines Kindes verändert jeden Menschen. Hilf den Trauernden bei der Suche nach ihrer neuen Identität. Darum bitten wir durch Christus, unseren Herren.
A   Amen.

Mit Gott ringen
Einen mit Styrodur gefüllten Sack von der Empore hängen lassen.

V   Jakob rang am Fluss Jabbok die ganze Nacht lang mit Gott und wurde schließlich von Gott gesegnet (Gen 32,23–33). Auch trauernde Eltern ringen zuweilen mit Gott. Sie sind eingeladen, den unter der Empore aufgehängten Sack zu umfassen und mit ihm zu ringen.

Lasst uns beten: Herr, unser Gott, nach dem Tod ihres Kindes ringen Eltern mit dir. Segne sie, so wie du einst Jakob gesegnet hast. Darum bitten wir durch Christus, unseren Herren.
A   Amen.

Fragezeichen
Ein großes Fragezeichen „?" aufhängen.

V   Der Tod eines Kindes wirft viele Fragen auf. Neben den Warum-Fragen sind es auch die Fragen, wie man damit leben kann, wie das Leben weitergehen kann. Sie sind eingeladen, vor diesem Fragezeichen Ihren Fragen nachzugehen.

Lasst uns beten: Herr, unser Gott, der Tod eines Kindes wirft viele Fragen auf. Stehe den Trauernden bei den Fragen bei, die sie umtreiben. Darum bitten wir durch Christus, unseren Herren.
A   Amen.

Sternschnuppe
Das Bild einer Sternschnuppe aufhängen.

V   Das Leben Ihres Kindes war zu kurz. Wie eine Sternschnuppe erleuchtete es kurz Ihr Leben. Sie sind eingeladen, vor dem Bild der Sternschnuppe sich der schönen Stunden zu erinnern, die Sie mit Ihrem Kind hatten.

Lasst uns beten: Herr, unser Gott, kurz erhellten die verstorbenen Kinder das Leben ihrer Eltern. Erhelle nun du die Finsternis ihrer Trauer. Darum bitten wir durch Christus, unseren Herren.
A   Amen.

Schmetterling
Das Bild eines Schmetterlings aufhängen.

V   Ihr Kind hat sie zart wie ein Schmetterling berührt. Kaum wahrgenommen, war es schon wieder weg. Sie sind eingeladen, vor dem Bild des Schmetterlings sich der schönen Stunden zu erinnern, die Sie mit Ihrem Kind hatten.

Lasst uns beten: Herr, unser Gott, nur kurz trat das Kind in das Leben ihrer Eltern. Lasse die Eltern in ewiger Liebe mit ihren Kindern verbunden bleiben. Darum bitten wir durch Christus, unseren Herren.
A   Amen.

Werkstatt

Das Zerbrochene heilen und Schuld nehmen lassen. Trauernde bleiben hierzu in den Bänken sitzen.

V   Der Tod eines Kindes lässt in uns oft etwas zerbrechen, bringt etwas in Unordnung. Manchmal löst der Tod eines Kindes Schuldgefühle aus. Oft sind es Gefühle, für die es keinen objektiven Grund gibt. Sie sind jedoch genauso wirksam. Gott aber will, dass wir alle heil werden.

Lasst uns beten: Herr, unser Gott, lass uns Vergebung und Trost empfangen. Bringe in trauernden Eltern das in Ordnung, was nicht in Ordnung ist. Darum bitten wir durch Christus, unseren Herren.

A   Amen.

Geschichten für Trost-Gottesdienste

Gibt es ein Leben nach der Geburt?
Im Bauch einer Schwangeren diskutieren drei Kinder über ihre Zukunft. Einer davon ist der kleine Gläubige, einer der kleine Zweifler und einer der kleine Skeptiker. Der kleine Zweifler fragt: „Glaubt Ihr eigentlich an ein Leben nach der Geburt?" Der kleine Gläubige: „Ja, klar, das gibt es. Unser Leben hier ist nur dazu gedacht, dass wir wachsen und uns auf das Leben nach der Geburt vorbereiten, damit wir dann stark genug sind für das, was uns erwartet." Der kleine Skeptiker: „Blödsinn, das gibt es doch nicht. Wie soll denn das überhaupt aussehen, ein Leben nach der Geburt?" Der kleine Gläubige: „Das weiß ich auch nicht so genau. Aber es wird sicher viel heller sein als hier. Und vielleicht werden wir herumlaufen und mit dem Mund essen." Der kleine Skeptiker: „So ein Quatsch! Herumlaufen, das geht doch gar nicht. Und mit dem Mund essen, so eine komische Idee. Es gibt doch die Nabelschnur, die uns ernährt. Außerdem geht das gar nicht, dass es ein Leben nach der Geburt gibt, weil die Nabelschnur schon jetzt viel zu kurz ist." Der kleine Gläubige: „Doch, es geht bestimmt. Es wird alles nur ein bisschen anders." Der kleine Skeptiker: „Es ist noch nie einer zurückgekommen von nach der Geburt. Mit der Geburt geht das Leben zu Ende. Und das Leben ist eine einzige Quälerei. Und dunkel." Der kleine Gläubige: „Auch wenn ich nicht so genau weiß, wie das Leben nach der Geburt aussieht, jedenfalls werden wir unsere Mutter sehen und sie wird für uns sorgen." Der kleine Skeptiker: „Mutter?!? Du glaubst an eine Mutter, wo ist sie denn bitte?" Der kleine Gläubige: „Na hier, überall um uns herum. Wir sind und leben in ihr und durch sie. Ohne sie könnten wir gar nicht sein." Der kleine Skeptiker: „Quatsch! Von einer Mutter habe ich noch nie was bemerkt, also gibt es sie auch nicht." Der kleine Gläubige: „Manchmal, wenn wir ganz still sind, kannst Du sie singen hören. Oder spüren, wenn sie unsere Welt streichelt." Da fragt der kleine Zweifler: „Und wenn es also ein Leben nach der Geburt gibt, was geschieht dann mit dem kleinen Skeptiker, der nicht daran geglaubt hat?" Der kleine Gläubige: „Das weiß ich nicht. Vielleicht bekommt er einen Klaps auf den Po, damit ihm die Augen aufgehen – und das wahre Leben beginnt!" *(nach Henry Nouwen)*

Gespräch zweier Libellenlarven
Zwei Libellenlarven fraßen sich im Wasser satt. Da sagte die ältere Larve zur jüngeren: „Mich treibt etwas nach oben, dem Licht entgegen." Die jüngere fragte: „Was willst du dort? Hier im Wasser ist doch unsere Nahrung. Außerhalb des Wassers besteht die Gefahr, dass du austrocknest und stirbst." Die Ältere: „Das weiß ich, aber irgend etwas Inneres treibt mich

dazu an. Ich kann es dir leider nicht näher erklären." Die Jüngere: „Na gut, dann ziehe hin und erzähle mir, wie es dort außerhalb des Wassers ist." Dies versprach die Ältere und machte sich auf den Weg ans Licht. Als sie aus dem Wasser kroch, spürte sie, wie die Sonne ihren Körper aufwärmte. Von der Anstrengung erschöpft suchte sie sich einen geeigneten Platz, um sich auszuruhen. Dabei spürte sie, dass dieses Ausruhen anders war. Sie selbst wurde anders. An einem sonnigen Tag schlüpfte sie aus ihrer Hülle, die ihr zu eng wurde. Sie hatte Flügel, mit denen sie nun fliegen konnte. Sie erinnerte sich an das gegebene Versprechen, der jüngeren Larve zu erzählen, wie es oberhalb des Wassers ist. Doch sie konnte die Wasseroberfläche nicht durchbrechen. Ihr Lebensraum war nun die Luft, in der sie flog. Irgendwann wird auch die jüngere Larve nach oben kriechen und selbst die Erfahrung machen. *(nacherzählt, Quelle unbekannt)*

Vier Kerzen am Adventskranz
Die Geschichte von den vier Kerzen am Adventskranz kann durch Löschen und Entflammen der jeweiligen Kerze unterstrichen werden.

Vier Kerzen brannten am Adventskranz. Es war still – so still, dass man hörte, wie die Kerzen miteinander zu reden begannen. Die erste Kerze seufzte: „Ich heiße Frieden. Mein Licht leuchtet, aber die Menschen halten keinen Frieden, sie wollen mich nicht." Ihr Licht wurde immer schwächer und verlosch schließlich. Die zweite Kerze sagte betrübt: „Ich heiße Glaube. Aber ich bin überflüssig geworden. Die Menschen wollen von Gott nichts mehr wissen. Es hat keinen Sinn mehr, dass ich weiter brenne." Ein Luftzug wehte durch den Raum – und auch diese zweite Kerze erlosch. Traurig meldete sich die dritte Kerze: „Ich heiße Liebe. Ich habe fast keine Kraft mehr zum brennen. Die Menschen stellen mich auf die Seite. Sie sehen nur sich selbst und nicht die anderen, die sie lieb haben sollten." Mit einem letzten kraftlosen Aufflackern erlosch auch dieses Licht. Da kam ein Kind in das Zimmer. Es schaute die Kerzen an und sagte: „Aber, aber – ihr sollt doch brennen und nicht aus sein!" Fast begann das Kind zu weinen. Die vierte Kerze, deren Licht den Raum noch erhellte, wusste Trost zu spenden. Sie sagte: „Kind, hab keine Angst. So lange ich brenne, können wir auch die anderen Kerzen wieder anzünden. Weißt du, ich heiße Hoffnung." Flugs nahm das Kind diese Kerze in die Hand und zündete mit ihrem Licht die anderen Kerzen wieder an. *(Verfasser unbekannt)*

Der alte Mann und sein Sohn
Eines Tages lief das schönste Pferd eines chinesischen Bauern davon. Alle Nachbarn bedauerten den Bauer und beklagten den Verlust. Nur der Bauer

sagte: „Unglück, wer weiß?" Nach einigen Tagen kam sein Pferd zurück und mit ihm kamen einige Wildpferde. Die Nachbarn beglückwünschten den Bauern. Dieser aber sagte: „Glück, wer weiß?" Als sein Sohn eines der Wildpferde zähmen wollte, wurde er abgeworfen und brach sich ein Bein. Wieder klagten die Nachbarn und sprachen von einem großen Unglück, der Bauer aber sagte „Unglück, wer weiß?" Kurz darauf kamen die Soldaten des Kaisers, um junge Männer für den Krieg zu rekrutieren. Da der Sohn des Bauern sein Bein gebrochen hatte, taugte er nicht für den Krieg und konnte so daheim bleiben. *(Verfasser unbekannt)*

Die Witwe mit den Erbsen
Eine Witwe hatte zwei Söhne. Beide starben. Dennoch war die Frau immer froh und gut gelaunt. Als sie nach dem Geheimnis ihres Frohsinns gefragt wurde, erzählte sie von ihren Erbsen Sie sagte: „Jeden Morgen nehme ich mir eine Hand voll Erbsen in die linke Tasche meiner Schürze. Bei jedem schönen Erlebnis nehme ich eine Erbse von der linken Tasche in die rechte. Am Abend hole ich mir die Erbsen aus der rechten Tasche heraus und erinnere mich an alle die schönen Erlebnisse." *(nacherzählt, Quelle unbekannt)*

Literatur

Broschüren

Die meisten der genannten Broschüren sind kostenlos erhältlich.

Bistum Fulda (Hg.): Pastorale Begegnung und Begleitung bei Tot- und Fehlgeburten. Arbeitshilfe. Fulda 2003.

Deutsche Bischofskonferenz (Hg.): Arbeitshilfe 174. Wenn das Leben mit dem Tod beginnt. Eltern trauern um ihr totes neugeborenes Kind – Hinweise zur Begleitung, Seelsorge und Beratung. Bonn 2005

Deutsche Bischofskonferenz (Hg.): Arbeitshilfe 220. Die Feier der Kindertaufe. Pastorale Einführung. Bonn 2008.

Deutsche Bischofskonferenz (Hg.): Arbeitshilfe 224. Die Hoffnung auf Rettung für ungetauft sterbende Kinder. Bonn 2008.

Deutsche Bischofskonferenz (Hg.): Hirtenschreiben und Erklärungen 81. Tote begraben und Trauernde trösten. Bestattungskultur im Wandel aus katholischer Sicht. Bonn 2005.

Deutsche Bischofskonferenz (Hg.): Mensch von Anfang an. Bonn o. J.

Evangelisch-Lutherischen Kirche in Bayern (Hg.): Ein Engel an der leeren Wiege. Handreichung zur seelsorgerlichen Begleitung bei Fehlgeburt, Todgeburt und plötzlichem Säuglingstod. Schweinfurt o. J.

Initiative REGENBOGEN „Glücklose Schwangerschaft" e. V. (Hg.): Für immer in unseren Herzen. Erstinformationen für Mütter und Väter, die ihr Kind vor, während oder kurz nach der Geburt verloren haben. Rheda-Wiedenbrück 2008.

Ministerium für Kultus, Jugend und Sport (Hg.): Vom Umgang mit der Trauer in der Schule. Handreichung für Lehrkräfte und Erzieher/innen. Stuttgart 2006.

Klinikseelsorge und Abteilung Gemeinde des Seelsorgeamts der Diözese Innsbruck (Hg.): Frohes Warten – Früher Tod. Hilfen zur seelsorglichen und liturgischen Begleitung von Eltern, deren Kind vor, während oder kurz nach der Geburt verstorben ist. Innsbruck o. J.

Vereinigten Evangelisch-Lutherischen Kirche Deutschlands (Hg.): Gute Hoffnung – jähes Ende. Eine „Erste Hilfe" für Eltern, die ihr Baby verlieren, und alle, die sie unterstützen wollen. 8. aktualisierte Auflage. Hannover 2008.

Liturgische Bücher
Die Kirchliche Begräbnisfeier in den Bistümern des deutschen Sprachgebietes. 2. authentische Auflage. Regensburg 2009.
Die Feier der Kindertaufe in den Bistümern des deutschen Sprachgebietes. 2. authentische Auflage. Regensburg 2007.
Deutschen Bischofskonferenz (Hg.): Hochgebete für besondere Anliegen, Freiburg, Basel, Regensburg, Wien, Salzburg, Linz 2005.
„Messbuch – Die Feier der heiligen Messe", für die Bistümer des deutschen Sprachgebrauchs, Einsiedeln, Köln, Freiburg, Basel, Regensburg, Wien, Salzburg, Linz 1981.
Karl Wagner: Die Feier der Beerdigung, Freiburg, Basel, Wien 2001.

Weitere Bücher
Evangelischer Oberkirchenrat Karlsruhe (Hg.): Agende für die evangelische Landeskirche in Baden. Band IV Bestattungs-Agende. Karlsruhe 1971.
Evangelischer Oberkirchenrat Karlsruhe (Hg.): Agende für die evangelische Landeskirche in Baden. Band IV Bestattung. Karlsruhe 2002.
Klaus Schäfer: Wege unter'm Regenbogen. Eltern stillgeborener Kinder berichten. Daten der Umfragen. Karlsruhe 2003.